SKIATHOS INSEL IM LICHT

Hildegard Liebl

Skiathos Insel im Licht

Griechische Inselgeschichten

Bibliografische Information der Deutschen Bibliothek:
Die Deutsche Bibliothek verzeichnet diese Publikation in der Deutschen
Nationalbibliografie; detaillierte Informationen sind im Internet über
<http://dnb.ddb.de> abrufbar.

© 2006 Hildegard Liebl
Herstellung und Verlag: Books on Demand GmbH, Norderstedt
ISBN 3-8334-4584-X

INHALT

Skiathos – Insel des Lichts, inmitten der Ägäis gelegen. Überaus grün und idyllisch mit außergewöhnlich zahlreichen, goldfarbenen Sandstränden. Anmutig und einmalig mit traumhaften Sonnenuntergängen. Üppige Olivenplantagen, großartige Wälder mit mächtigen Schirmpinien, Kiefern, Eichen, Erdbeerbäumen, Walnussbäumen und Obstbäumen erstrecken sich über die ganze Insel. Das Sonnenlicht ist ungewöhnlich intensiv auf Skiathos. Alles wächst und gedeiht prächtig. Skiathos´ Küste ist geprägt von Buchten, Ankerplätzen, Landzungen, Höhlen, felsigen Steilküsten und Vorgebirgen. Überall auf der Insel plätschern Gebirgsbäche ins Tal. Sprudelnde Quellen schaffen Oasen des Friedens und der Einkehr. Seltene Zugvögel nutzen die Insel als Zwischenstation auf ihrem Weg in wärmere Gefilde und zurück.

Zusammen mit Skopelos, Alonisos, Skiros und einigen kleinen unbewohnten Inseln, gehört Skiathos zu den nördlichen Sporaden, einer der schönsten Inselgruppen Griechenlands. Wenn man die Hauptstadt der Insel mit dem Schiff anläuft, liegt sie dem Betrachter in ihrer strahlenden Schönheit zu Füßen. Weiß getünchte Häuser, von farbenprächtigen Bougainvilleen umrankt, romantisch verwinkelte Gässchen zaubern ein ganz besonderes Lebensgefühl herbei. Von hier aus fahren im Sommer täglich Fischerboote zu allen Ausflugszielen der Insel. Mitten im Ort, auf dem Standbild des großen Dichtersohnes der Insel, Alexandros Papadiamantis, finden sich in Stein gemeißelt die Worte: » ... als hätten die Leidenschaften und Sehnsüchte jemals ein Ende gefunden.« Skiathos – ein Ort für alle, die Meer und Licht lieben.

SOMMERBEGINN AUF SKIATHOS

Vom Flugzeug aus sehe ich tief unten Skiathos, meine grüne, leuchtende, griechische Insel inmitten der Ägäis liegen, Pinienhaine, goldene Sandstrände, Buchten in wunderbarer Anmut. Der Welt entrückte kleine Dörfer, einsame Höfe, ausgedehnte Wälder. Jedes Mal, wenn ich ankomme, wird mein Herz berührt von diesen Farben, sie dringen ganz tief in mich ein, als wollten sie ein Teil von mir werden. Das ist immer so gewesen, von Anfang an. Vor nunmehr fast zwanzig Jahren hat diese Liebesbeziehung zwischen der Insel und mir begonnen. Sie ist leidenschaftlich geblieben. Ich kenne keinen Ort der Welt, wo im Sommer die Luft sanfter ist und die Farben der Natur schöner sind.

Das Flugzeug dreht eine Schleife. Jetzt kann ich das große Haus entdecken, das meinem Schwager und meiner Schwester gehört, den kleinen Strand der Kanapitsa. Wie mit Diamanten besetzt leuchtet das türkisfarbene Meer im morgendlichen Sonnenschein. Das Flugzeug dreht eine Schleife und setzt zur Landung auf dem kleinen Flughafen an. Der Hafen mit seinen Fischerbooten ist zu sehen, Schiffen und Jachten. Hart setzt das Flugzeug auf, der Pilot muss ein gewaltiges Bremsmanöver einleiten. Das Flugzeug hält mit einem Ruck, rollt langsam aus, die Maschine kommt zum Stehen. Die Türen werden geöffnet, ich trete hinaus, erspüre die Insel mit allen Sinnen. Glück durchströmt mich. Ich rieche das Meer, spüre das Licht. Es ist, als würde kein Winter hinter mir liegen. Jedes Ankommen hier ist neu und immer auch alt, als würde ich einfach zu bestimmten Jahreszeiten hierher gehören, als wäre ich ein Teil dieser

Insel. Die Stieftöchter meiner Schwester, Sonja und Stella, und der Hausmeister Pannasos, der ganzjährig das Haus betreut, holen mich am Flugplatz ab.

Pannasos, 35 Jahre alt, ein Sohn der Insel, ist überaus geschickt und sehr belesen, ein Mann, der sich auskennt. Hier auf der Insel gibt es keine Ausbildung, Pannasos hat fast alles, was er kann, von seinen Onkeln gelernt. Er ist Handwerker, Fahrer, Retter in der Not, Fremdenführer, Naturschützer und vor allem ein guter Organisator, was auf einer griechischen Insel wichtig ist. Sonja und Stella sind zu aparten, jungen Frauen herangewachsen. Stella hat noch ein Jahr in Boston zu studieren und Sonja beginnt ihr Studium in diesem Herbst. Beide sind schlank, groß gewachsen, mit dicht bewimperten Augen und dunkelbraunen, langen Haaren. Ihre Haut ist leicht olivfarben, Teil ihres südamerikanischen Erbes. Für sie ist das Haus auf der Insel im Sommer eine Art Zuhause.

Auch ihr Vater ist da. Er sitzt Stunde um Stunde in seinem Arbeitszimmer. Und doch sind die beiden Mädchen froh, ihren Papa um sich zu wissen. Versorgt werden wir alle von Dora Huber, der großartigen Haushälterin, die seit Jahren für den Hausherrn sorgt. Sie führt ein liebevoll strenges Regiment, verwöhnt uns alle, niemand darf in »ihre Küche«. Das Einzige, was ich kochen darf, ist am Morgen meine Tasse Kaffee.

Früher Morgen am Strand

Früh am Morgen schlendere ich durch den Garten, die steilen Treppen hinunter zum menschenleeren Strand. Die Sonne scheint auf mein Gesicht und ich fühle mit jedem Schritt, wie mehr und mehr Last von mir abfällt. Die Begrenzungen und Schwierigkeiten vergangener Wochen beginnen sich aufzulösen.

Mit jedem Schritt, den ich hinuntersteige zum Meer, werde ich fröhlicher. Alles wird wieder gut, ich weiß es jetzt.

Am Strand gibt es neue komfortable, blaue Liegen mit einem Sonnenschutz aus Stroh. Ich setze mich auf eine dieser Liegen und nehme mein Tagebuch heraus. Ich fühle mal wieder die Notwendigkeit, Notizen zu machen, Tagebuch zu führen, das tue ich seit meiner Kindheit. In der Hektik der letzten Wochen hatte ich es versäumt, mich schreibend mir selbst zu nähern. Hier, an diesem wunderbaren Ort, kann ich mich klärend sammeln. So war es schon immer. Es geschieht ohne Mühe. Die Schönheit von Meer, Stille und Wind berühren mich und helfen mir. Hier kann ich alles finden, um zu heilen, Ruhe, ein türkisfarbenes Meer, den Blick in den Himmel.

WIEDERSEHEN MIT LEA

Mittagsruhe. Alle schlafen in ihren Zimmern. Das Thermometer zeigt über 40° C. Ich sitze im Schatten beim Hauseingang und blicke aufs offene Meer. In vielen Blau- und Grünschattierungen liegt es da. Sanft wiegt der Wind die Kronen der hohen Bäume. Das Lied der Zikaden ist zu hören und der leichte Flügelschlag der Schmetterlinge. Ab und zu brummt eine Hummel vorbei. Wie geht es mir doch gut, das Leben beschenkt mich reich. Ich kann wieder gut schlafen, was ich in den letzten Wochen in München nicht konnte. Ich beobachte einen Käfer, der immer wieder gegen die Dachrinne fliegt. Schließlich schafft er es, durch Versuch und Irrtum seinen Weg in die Freiheit zu finden. Eigentlich brauche ich so viel Luxus, wie ich ihn hier im Anwesen habe, nicht, dennoch nehme ich ihn gerne an. Hier am Meer würde mir ein großes, einfach eingerichtetes Zimmer mit einer großen Terrasse genügen. Am

Mittelmeer ist Klarheit in den Räumen schön, stellt doch die üppige Natur einen wunderbaren Ausgleich dar.

Später am Strand treffe ich Lea, meine englische Freundin. Mit ihren 57 Jahren ist sie noch immer eine sehr schöne Frau. Seit dem letzten Jahr ist sie etwas molliger geworden und hat ein paar Fältchen mehr um die Augen, was ihr gut steht. Gegen mich wirkt sie wie eine Elfe. Wie jedes Jahr finden wir sofort zueinander, reden stundenlang, ehrlich und wahrhaftig, über unsere Leben. Lachen viel, freuen uns miteinander, trinken Wein und teilen das Jahr. Es ist so, als würden wir uns immer schon kennen. Wir sind uns einfach nahe. Lea ist gelernte Goldschmiedin. Sie hat einen kleinen Stand am Kanapitsa-Strand, neben der Taverne. Dort verkauft sie während der Saison ihre eigenen, sehr schönen Schmuckkreationen und wunderschöne Sarongs. Lea ist ihrem Lebenspartner Mel zum ersten Mal hier auf Skiathos begegnet. Damals war sie gerade verwitwet und eine Freundin hatte sie überredet, mit ihr auf die Insel zu fahren. Lea hatte keinerlei Interesse für Mel. Erst ein Jahr später, als sie sich erneut auf der Insel begegneten und ihr Schmerz etwas abgeklungen war, funkte es zwischen den beiden. Mel, zweimal geschieden, gebildet, sportlich, macht seit seiner Jugend täglich Joga und sein Alter von 65 Jahren sieht man ihm nicht an. Er ist einer dieser abenteuerlichen Aussteiger, von denen man nie so recht weiß, von was sie leben. Mel lebt seit über 25 Jahren auf der Insel. Er betreut verschiedene Villen. Er redet niemals über sich.

Lea und Mel verbringen den Frühling und Sommer auf Skiathos und den Winter vorwiegend in der Schweiz. Sie mieten dort stets das gleiche komfortable Chalet mit sechs Gästezimmern. Diese vermieten sie dann weiter. Mel betreut die Gäste tagsüber bei Skitouren, Lea serviert den Gästen Frühstück und Abendessen am Kamin. So kommen sie finanziell gut über den Winter. Weihnachten verbringen sie immer daheim in England. »Ich bete jeden Abend zu Gott, dass er mir Mel lässt«, sagt Lea nachdenklich.

Ein kleines Fährschiff namens African Queen

Die African Queen ist ein kleines, himmelblau angestrichenes Fährboot, das im Sommer stündlich von Skiathos-Stadt zur Kanapitsa-Bucht und zur nahe gelegenen Nostos-Bucht pendelt. Mit diesem Schiff fahren Sonja, Stella und ich zum Hafen. Kapitän Theodorakis, ein ziemlich dicker, älterer, gemütlicher Grieche an seiner Seite sein jüngerer Assistent Nikos, freut sich, mich zu sehen, mir geht es genauso. Im Hafen angekommen bummeln wir herum, dann treffen sich die beiden Mädchen mit ihrem Papa und ich treffe mich mit Alexandra, Pannasos Frau, in einer Taverne am Hafen. Wie alle Griechen nennt sie mich Childegard anstatt Hildegard, denn Griechen können kein H sprechen. Alexandra wurde im Frühjahr zur Direktorin der Schule ernannt. Ich gratuliere ihr zu ihrer Beförderung. Alexandra unterzieht sich mit ihren 38 Jahren einer Hormonbehandlung, um Kinder zu bekommen. Sie hat sehr zugenommen und leidet darunter. Wir unterhalten uns wie gute Freundinnen. »Wenn deine Hormonbehandlung anschlägt und du vielleicht Drillinge oder Vierlinge bekommst, wie wäre das?«, frage ich sie.

Alexandra lacht. »Auch schön, Childegard. Pannasos und ich lieben Kinder.« Mit Wehmut schildert mir Alexandra, wie Pannasos geschiedene Frau Helena alles tut, damit er seine kleine, nunmehr sechsjährige Tochter Nana nicht sehen kann. »Es bricht ihm fast das Herz«, sagt sie.

Lachend kommt ein junger Grieche auf mich zu, drückt

und küsst mich. Es ist Janis, ein gut aussehender, junger, griechischer Kellner mit blauen Augen, der seit Jahren in meine Schwester verliebt ist und früher in der Kanapitsa-Taverne gearbeitet hat. Gleich nach der Begrüßung fragt er nach ihr.

Ein anderer Abend mit der 84-jährigen Lucia auf ihrem prächtigen Anwesen am Meer. Lucia hat die Insel vor über 40 Jahren über ihren Sohn kennen und lieben gelernt. Mit 45 Jahren hat sie in Frankfurt ein Reisebüro gegründet und die Insel für Ausländer erschlossen. Ihr Haus war damals eines der ersten ausländischen Häuser. Winzig, auf einem steinigen Hügel gelegen, mit einer Quelle in der Nähe, vielen Olivenbäumen und einem wunderbaren Blick auf Meer und Stadt. Aus diesem winzigen Häuschen ist ein schönes, großräumiges Haus im griechischen Stil geworden, mit einem prächtigen Garten.

Lucia freut sich immer, wenn ich komme und würde mich am liebsten bei sich einquartieren. Sie hat die Räume ihres verstorbenen Mannes Hermann als Gästezimmer umfunktioniert und zeigt sie mir. Bewundernswert sind ihr wacher Geist und ihre Eleganz. Nur für sich selbst macht sie sich am Abend adrett zurecht. Nie lässt sie sich gehen, das hält sie aufrecht. Ihr Tag beginnt früh mit vier bis fünf Stunden Arbeit in ihrem geliebten Garten. Danach geht sie baden, schwimmt weit hinaus ins offene Meer, über eine Stunde lang, zweimal am Tag. »Wenn ich mal wirklich Hilfe brauche«, sagt sie, »werde ich mir hier auf der Insel jemanden suchen.« Einen neuen Jeep hat sie sich gekauft. Und doch scheint mir, dass sie auch ein wenig einsam ist, trotz der Besuche von Kindern, Enkeln und Urenkeln, denn fast alle ihre Freunde sind tot.

Ich sitze in der Kanapitsa-Taverne, esse zu Mittag, trinke ein Glas Retsina, höre griechische Musik. Die griechischen Kellner sind zu allen Gästen äußerst aufmerksam und freundlich. Nie ist ihnen etwas zu viel. Der Gast ist König. An einem der Tische hat eine junge Familie Platz genommen. Die Mutter der kleinen Kinder wirkt auf den ersten Blick nicht gerade attraktiv, im Gegensatz zu ihrem Mann. Doch sie geht mit ihren Lieben auf eine so lebendige Weise um, dass sie etwas ganz Besonderes ausstrahlt. Gestik und Mimik verwandeln die Frau in ein leuchtendes, weibliches Wesen. Sie wirkt auf mich genauso wie eine interessante, schöne Frau. Als sie aufsteht, bemerke ich, dass sie hinkt.

Ich mache Notizen, alles Wichtige wird da sein, wenn ich es brauche. Sonne, Wind, Meer, alles hilft mir. Es tut mir so gut, hier zu sein. In dem Moment, in dem ich mich für das Leben öffne, entdecke ich viel von seiner Schönheit. Ich übe mich in liebevoller Anteilnahme an allen Dingen.

AUSFLÜGE ZU DEN NACHBARINSELN ALONISOS UND SKOPELOS

Schifffahrt mit Sonja und Stella zu den Nachbarinseln Alonisos und Skopelos. Das Meer macht Riesenwellen und die erste Stunde ist uns ziemlich bange. Dann endlich sind wir in Alonisos. Nach einem Bummel besuchen wir, wie jedes Jahr, das herrliche Gartenrestaurant über dem Hafen von Patiri. Um die Mittagszeit ist es hier leer. Der junge Wirt erkennt mich gleich wieder, seine Frau sei gerade nicht da, bedauert er. Ich erlebe seit Jahren die unterschiedlichen Phasen dieses Paares mit. Zuerst die große Verliebtheit, das überschwängliche Werben umeinander, das manchmal so weit ging, dass sie vergaßen, die Gäste zu bedienen. Ihre Heirat, die manchmal lauthals ausgetragenen Streitigkeiten, die Schwangerschaft und jetzt das bereits ein Jahr alte Baby. Der Mann ist nur im Sommer hier, im Winter arbeitet er in Volos. Seine Familie sieht er dann nur ab und zu an den Wochenenden. Nach dem Essen bringt der Wirt uns als Geschenk des Hauses ein Dessert und süße Bonbons, die in einer mit Wasser gefüllten Dose liegen.

Weiterfahrt nach Skopelos. Wir laufen viele Treppen hinauf in »unser Café« mit der klassischen Musik. Eine sehr alte Griechin kommt humpelnd und auf einen Stock gestützt zu unserem Tisch und redet auf Griechisch auf uns ein. Die Wirtin merkt, dass wir nicht gut verstehen und übersetzt. Die Frau glaubte, dass die dunkelhaarige Stella und Sonja meine Töchter und wir Griechen seien. Sie wollte wissen, wieso ich hellhäutig und blond sei.

Todmüde kommen wir am Abend im Hafen von Skiathos an. Ich bin mit Lea zum Abendessen verabredet und will sie an der Anlegestelle der African Queen im Hafen treffen. Als wir ankommen, steigt Lea gerade aus dem Fährboot aus, die beiden Mädchen verabschieden sich und steigen ein.

Lea kennt ein neues Restaurant. Es gibt dort einen Klavierspieler und einen Saxophonisten. Meine Müdigkeit verfliegt mit der Musik und Leas Erzählungen aus ihrem Leben. Lea ist in Dänemark geboren, aber schon als Kind mit ihren Eltern nach England, in die Grafschaft Kent umgezogen. Ihr Vater ist Juwelier, bei ihm hat sie ihr Handwerk als Goldschmiedin und Schmuckdesignerin gelernt. Leas Mutter starb sehr jung. Vielleicht hat Lea deshalb jung geheiratet. Ihr erster Mann schlug sie. Sie hatte dennoch zwei Kinder mit ihm. Irgendwann hat sie diese Ehe nicht mehr ausgehalten und ihn verlassen. Ihr Vater hat sie bei sich aufgenommen.

Ihre zweite Ehe ging sie mit Rod ein. Sie waren gerade sieben Jahre verheiratet, da stellte man bei Rod Darmkrebs fest. Er entschied sich für eine Chemotherapie, die angeblich anschlug. »Wir fuhren danach zusammen in den Urlaub«, erzählt Lea, »obwohl ich Rod, der sehr schlecht aussah, den Urlaub ausreden wollte.« Ich hörte ihn nachts stöhnen und schließlich brachen wir den Urlaub ab. Daheim wurde Rod sofort wieder operiert, bekam einen künstlichen Ausgang gelegt und gleich darauf begann sein vierzehntägiges Sterben. Ich hatte ein Bett in seinem Zimmer, war immer bei ihm. Wir lebten die letzten Tage mit Morphium, einem Atemgerät und einem entsetzlichen Gestank, als würde Rod bei lebendigem Leib verfaulen. Eines Abends, als Rod gerade noch ansprechbar war, kam eine Schwester, die sagte zu Rod: ›Wenn man Sie fragt, ob Sie Schmerzen haben, sagen Sie in jedem Fall Ja oder nicken Sie.‹ Rod starb sehr elend«, sagt Lea. Seine Asche wurde unter seiner Lieblingsbank im Park verstreut. Sein Name steht auf einer kleinen Tafel, die an der Bank angebracht ist.«

Der Abend ist sehr schön, wir erzählen uns viel und verpassen die letzte Fahrt der African Queen. Wir müssen ein Taxi nehmen. Dort, wo man sonst immer ein Taxi bekommt, stehen jetzt viele Menschen und warten. So etwas habe ich noch nie auf Skiathos erlebt. Die Stadt ist voller Besucher, vor allem Engländer. Die englischen Touristen stehen diszipliniert in einer Schlange und warten geduldig. Schließlich fährt uns ein Taxi zur Kanapitsa, wo Leas Jeep namens Daisy auf uns wartet.

Aufstehen gegen fünf Uhr. Sonja, Stella und ich machen eine lange Wanderung. Pannasos führt uns. Unser Ziel ist die Klosterruine von Kastro. Mit seinem Jeep fahren wir fast eine Stunde lang über Sandpisten in teilweise Schwindel erregenden Höhen nach Kechria, auf die Nordseite der Insel. Wir durchqueren Wasserläufe, überbrücken tiefe Gräben, stellen irgendwo den Jeep ab. Die Sonne ist noch nicht ganz aufgegangen, als wir unsere Wanderung beginnen. Pannasos führt uns einen schattigen Weg an einem Wasserlauf entlang. Der Weg ist gesäumt von großen Farnen. Die Luft ist feucht und duftet gut. Ein Kauz sitzt auf einem Baum, irgendwie ist für ihn noch Nacht. Wir hätten ihn nicht entdeckt, aber Pannasos hat uns auf ihn aufmerksam gemacht.

Höher, immer höher, Schritt für Schritt über schmale Wege, durch Olivenhaine und manchmal auch durch unwegsames Gelände wandern wir nach oben. Der Rucksack ist schwer. Als Jäger und Naturschützer kennt Pannasos seine Insel gut. Er kennt viele Abkürzungen, viele verwunschene Pfade. Alles ist von ehrfürchtiger Stille erfüllt, das Herz wird weit. Überall blühen Blumen. Je höher wir kommen, desto besser können wir das Meer wieder sehen. Erhaben, in vielen Schattierungen liegt es weit unter uns. Im Gebüsch nisten wilde Tauben, die wir aufschrecken. Schimpfend fliegen sie davon.

An einer Stelle kommen wir an einer kleinen Kapelle vorbei. Wir tauchen ein in den sakralen Raum, zünden Kerzen an. Stilles Gebet. Pannasos zündet die großen Ölleuchter an: Licht für die Wanderer, die nach uns kommen, so ist es Brauch. In jeder Kapelle befindet sich links ein Bild der Mutter Gottes, daneben ein Bild von Jesus und rechts neben Jesus ein Bild des Heiligen Paulus, dessen Namen diese Kapelle trägt. Als

17

wir hinaustreten, läutet Pannasos die Glocke. Um die Kapelle herum ist ein Platz zum Rasten. Säuberlich gestapelt stehen dort kleine griechische Stühle, eine Quelle befindet sich ganz in der Nähe. Jeder darf hier verweilen und, wenn es Not tut, auch in der Kapelle oder auf dem Vorplatz übernachten. Das kirchliche Gastrecht ist hier noch immer heilig.

Nach fast zwei Stunden mühsamer, stets aufwärts führender Wanderung erreichen wir die alte Pilgerstätte Kastro. Zum höchsten Punkt, zur Ruine Kastro, ist es noch ein weiterer halbstündiger Fußmarsch. Pannasos, Sonja und Stella laufen weiter. Ich setze mich auf einen schattigen Platz und warte auf sie. Kein menschlicher Laut ist zu hören, nur Rascheln im Gebüsch. Möwen lassen sich von der Thermik tragen, stoßen ab und an schrille Schreie aus.

RAST IN DER PILGERSTÄTTE

Still sitzen wir unter schattigen Platanen an einem großen Steintisch vor der alten Pilgerstätte, die dem heiligen Johannes geweiht ist. Wir packen unseren Proviant aus und beginnen zu essen. Da erscheint Spiros, Pannasos Freund. Ich nenne ihn »den griechischen Großvater mit den himmelblauen Augen«. Er hat sich eine Überraschung ausgedacht. Spiros ist mit dem Auto herauf gefahren. Er will uns später ein Stück mitnehmen, so dass unser Rückweg in der beginnenden Hitze nicht mehr so weit ist.

Wir trinken Wasser aus der Quelle. Spiros, der einen Schlüssel zur Pilgerstätte besitzt, kocht griechischen Kaffee. Dazu gibt es Plätzchen. Spiros und Pannasos verschwinden eine Weile. Sie kommen zurück mit frisch geernteten Mirabellen, Aprikosen und Kirschen. Nach dem Essen ziehe ich mich zurück zur kleinen Johanniskapelle. Nahe bei der Kapelle blühen Lilien und Astern in angelegten Blumenbeeten. Die Blumen sind für die Kapelle bestimmt. Spiros kommt und wässert mit einer großen Gießkanne den kleinen Garten. Als ich die Kapelle betrete, entzündet Spiros gerade ein Weihrauchfass und beweihräuchert damit die Ikonen. Als er fertig ist, küsst er die Ikonen andächtig und geht hinaus.

Ich bin allein in der kleinen Kirche. Ich setze mich in das schmale Chorgestühl. Die Ikone der Mutter Gottes ist von besonderer Schönheit. Ihre Augen blicken auf mich, als seien sie echt. Sie sind irgendwie plastisch gemalt. Zeitloses Verweilen. Das Sonnenlicht wirft abgemilderte Strahlen durch die bunten Glasfenster. Ich schließe die Augen und danke dem Himmel, dass ich hier sein darf. Jedes Jahr neu hierher kommen kann, an diesen Ort von erhabener Schönheit und Kraft.

Als ich hinaustrete in den heißen Vormittag, läutet Sonja die Glocke im freistehenden Glockenturm neben der Kapelle. Ich bleibe stehen, beschatte die Augen mit meiner Hand. Drüben liegt Pilion, die fast unbekannte Halbinsel Griechenlands, in goldener Schönheit. Zahlreiche Mythen ranken sich um diese Region. Seit Urzeiten besiedelt war Pilion bereits in der Antike wegen seiner Wälder, Olivenhaine, Obstgärten und Heilkräutern berühmt.

Spiros fährt uns einen Teil der Strecke mit dem Auto zurück. Das letzte Stück bis zu unserem Jeep laufen wir durch üppiges Grün, vorbei an blühenden Sommerwiesen voller Margeriten, Klatschmohn, Wegwarten und Heckenrosen. Erschöpft, aber glücklich machen wir auf unserem Heimweg Rast in Vromolimnos, in der Taverne, trinken frischen Orangensaft. Tauchen ein ins Meer.

In Silber- und Blauschattierungen leuchtet das Meer. Ich laufe um die Bucht, spüre mich und reflektiere dabei all die herrlichen Geschichten, die ich jedes Jahr hier erfahre. Das Sommerleben auf Skiathos hat mir mal wieder neue Geschichten geschenkt.

HERBSTBEGINN AUF SKIATHOS

Es ist kühl und der Wind weht gewaltig, als meine Freundin Gabriella und ich ankommen. Überall blühen noch Blumen. Nicht mehr ganz so üppig, nicht mehr so leuchtend. Diesmal wohne ich im gelben Zimmer, alle nennen es »Hildegards Zimmer«. Vom Bett aus kann ich das Meer und die Kanapitsa-Bucht sehen.

Früher Morgen. Über dem offenen Meer, direkt vor der Haustüre, steigt die Sonne glutrot auf. Ich öffne das Gartentor, gehe hinüber zur weißen Mauer des Nachbarn, der sein Haus winterfest gemacht hat und längst fort ist. Während ich mit dem Fernglas den Flug der Möwen beobachte, beginnt ein neuer Tag. Die großen Möwen breiten ihre Schwingen aus, lassen sich von der Thermik tragen. Die Stille ist unterbrochen vom Tuckern eines kleinen Fischerbootes, das aufs Meer hinausfährt. Irgendwo bellt ein Hund. Fast unwirklich, getaucht in rötlich goldenes Herbstlicht, liegt die Stadt Skiathos im fernen Dunst. Sie wirkt wie ein Gemälde alter Meister. Turner hätte dieses Bild gemalt, und auch van Gogh. Still, friedlich und wunderschön ist meine Insel. Ich atme, bin glücklich und dankbar, hier sein zu dürfen.

Später gehe ich durch den Garten. Die gelben Rosen mit den roten Schattierungen sind noch einmal voll erblüht, auch die Chinesischen Ohrringe blühen leuchtend rot neben zartgelbem Oleander, der jetzt im Oktober neu zu blühen beginnt. Nie haben die weißen Kletterrosen üppiger geblüht. Es ist, als wollten die Blumen mit großer Ausdruckskraft ihre Schönheit noch ein letztes Mal demonstrieren, bevor auch sie Winterschlaf halten. Die Hibiskusblüten fallen abends nicht mehr ab wie im

Sommer, um sich dann allmorgendlich in neuer Schönheit zu öffnen. Es ist, als ob die Natur jetzt langsamer machen würde. Herbsttage sind stillere Tage und eine Mahnung an uns Menschen, inne zu halten, stiller und bedächtiger zu werden.

Zwischen der Kühle des Abends und des Morgens ist immer noch Strandwetter. Gabriella und ich liegen am Strand von Vromolimnos, baden in Sonne, Meer und Wind. Normalerweise ist das Wasser um diese Jahreszeit noch angenehm warm, doch der ungewöhnlich kalte Sommer hat das Meer abgekühlt. Es kostet uns einige Überwindung, ins Wasser zu gehen. Am Strand sind wenige Menschen, meist ältere Engländer mit stillen, heiteren, zufriedenen Gesichtern.

VERLIEBTES PAAR IN DEN JAHREN

Der Mann, etwa vierzig Jahre alt, schlank, gut aussehend. Die Frau, mindestens zehn Jahre älter, ziemlich dick um Bauch und Hüfte herum, mit einem gütigen, ausdrucksstarken Gesicht. Sie trägt einen schicken, einteiligen Badeanzug und dazu wundervolle lange, zum Badeanzug passende Ohrringe. Sie sind unendlich verliebt, lachen und plantschen im Wasser miteinander wie Kinder. Beide tragen den gleichen goldenen Ring an der Hand. Die Ringe blitzen im Sonnenlicht von Vromolimnos. Es ist schön, die beiden miteinander zu erleben. Zu keiner Zeit wirken sie peinlich. Wer hat je gesagt, dass nur junge Menschen verrückt verliebt sein können.

Die Taverne am Strand hat noch geöffnet. Große Begrüßung, überschwänglich viele Küsse werden ausgetauscht. »Ah – ihr seid wieder da.« Auf ein huldvolles Kopfnicken folgen Imbiss und Wein »vom Haus«. Griechische Liebeslieder wechseln sich ab mit

Liedern von Simon and Garfunkel. Auch bei der Musik scheint jetzt im Herbst alles stiller und sanfter geworden zu sein.

ABENDDÄMMERUNG

Unter einem glutrot leuchtenden Abendhimmel fliegen Vögel laut zwitschernd ihre Runden. Schönheit in Vollendung. Von weit draußen auf dem Meer ist ein Bootsmotor zu hören.

DIE KRAFT DER INSEL

Als wir ankamen, habe ich viele Vasen mit Rosen gefüllt, rote, gelbe, lachsfarbene, sie überall im Haus verteilt. Die weißen Kletterrosen habe ich zwischenzeitlich mit der Heckenschere beschnitten, die welken Blüten entfernt. Da, wo ich etwas abgeschnitten habe, hat sich schon am nächsten Tag eine kleine Knospe nachgebildet. Ich werde belohnt mit täglich neuen Blüten. Es ist so, als wollten diese Rosen mit großer Ausdruckskraft ein letztes Mal für dieses Jahr ihre Schönheit zeigen. Ist es die Kraft des Wassers und besonderen Lichtes dieser griechischen Insel, die sie trägt? Jener Kraft, die auch mich immer wieder zu mir finden lässt. Gabriella und ich sprechen oft über diese Kraft. Es ist schön, eine solche Freundin zu haben.

MEINE FREUNDIN GABRIELLA

Jede Frau sollte eine Freundin wie Gabriella haben. Fast gleich alt haben wir in München vor über siebzehn Jahren unsere Ausbildung zur Heilpraktikerin gemacht. Unter vielen Mühen abends und am Wochenende, als Zweitberuf sozusagen. Wir hatten sofort einen Draht zueinander, obwohl wir sehr verschieden sind. Beide waren wir geschieden, kinderlos. Sie lebt weiterhin alleine, weit oben im Norden, und ich mit einem neuen Partner in München. Die Natur unserer Freundschaft hat viele Facetten. Wir sind beide ausgeprägte Individualisten, brauchen unglaubliche Freiräume. Gabriella zurückhaltend, vorsichtig, abwartend. Ich meist voller Energie, auf alles zugehend, mich oft verausgabend. Wir sind schon oft gemeinsam verreist. Es gibt keine Zwanghaftigkeit, wenn wir verreisen. Jede macht, was ihr gut tut. Wir würden nie ein Zimmer teilen, außer in Notsituationen. Es gibt kein geplantes, gemeinsames Frühstück, kein geplantes Essen – es sei denn, es ergibt sich. Wir respektieren gegenseitig unsere Freiräume, lassen uns in Ruhe. Was aussieht, als würde es trennen, ist in Wirklichkeit für uns eine bereichernde Verbindung. Vielleicht reisen wir deshalb so viel zusammen, weil alles freiwillig ist. Wir können uns aufeinander verlassen und wir vertrauen einander. Wir mögen uns einfach und unser Gesprächsstoff geht nie aus. Worüber wir allerdings stets anderer Meinung sind, das ist die Wirkung der Homöopathie. Ich glaube nicht, dass Homöopathie fast alles zu heilen vermag, ich vertrete sogar die Ansicht, dass sie eine weitaus geringere Behandlungsbreite hat, als natürlich aufbereitete Mittel der Pflanzenheilkunde. Doch: Phantasie und Einfühlungsvermögen in die jeweils andere, das prägt uns. Deshalb endet auch eine Diskussion um die Behandlungsweisen nie in einem Streit. Gabriella trinkt normalerweise kaum Alkohol. Hier auf der Insel hat sie schon so über die Stränge gehauen, dass sie schon mal betrunken vom Stuhl fiel. Sie liebt es hier zu sein und wir freuen uns jedes Jahr auf uns und unsere Insel.

Ein heißer Tag schält sich aus dem Meer, ungewöhnlich heiß für Oktober. Noch ist alles still. Die alte Griechin, Mutter des Tavernenbesitzers Petros, sitzt auf einem Stuhl in der Taverne, dem Meer zugewandt. Ihre Kleidung ist schwarz wie bei allen Witwen. Sie trägt Nylonkniestrümpfe und Hausschuhe, wie sie alte Menschen tragen, die oft frieren. Ein Stückchen weiße, welke Haut am Knie ist zu sehen. Sie hat die Augen geschlossen und singt. Als ich zu ihr komme, öffnet sie kurz die Augen, hört mit dem Singen auf, nickt mir huldvoll zu. Wir sehen uns an. Ich, die Ausländerin, die seit so vielen Jahren hierher kommt, und sie, die Uralte, die ihre Weisheit aus dem Meer bezieht. Eine Weile betrachtet sie eingehend mein Gesicht, sie lächelt dabei. Sie nimmt mich bei der Hand, zieht mich zu sich hinunter und legt mir die Hand segnend auf den Kopf. Es ist jedes Jahr das gleiche Ritual. Sie lässt meine Hand los, schließt wieder ihre Augen und singt lächelnd weiter.

Am späten Nachmittag wird der Tisch von den Kellnern für sie und ihren Sohn Petros gedeckt. Die alte Frau bringt Salat und Brot an den Tisch. Sie setzt sich. Erst wenn Petros am Tisch sitzt und zu essen begonnen hat, nimmt auch sie sich etwas. Manchmal kommen Gäste, die Familie ist groß und Freunde gibt es viele. Für alle wird ein Stuhl geholt und manchmal ein weiterer Tisch angestellt. Es geht dann sehr lebhaft zu. Im Sommer spielt sich das Leben der Familie in dieser Taverne ab. Leben und Arbeiten ist eins. Im November schließen sie die Taverne und ziehen in ihr Haus in die Stadt.

Ich schwimme im türkisfarbenen Meer und fühle mich glücklich, voller Kreativität. Meine neuen Geschichten verdichten sich und das Buch, was ich gerade lese, »Die Lust zu schreiben« von Brenda Ueland, ist eine Offenbarung für mich. Welch klare, großartige Botschaft hat dieses Buch. Ein Freund hat es mir letzten Herbst geschenkt und ich hatte es lange in der Schublade liegen, nicht ahnend, welch ein Schatz sich in diesem Werk verbirgt. Es ist eines der grandiosesten Arbeitsbücher, die ich je gelesen habe. Gleichzusetzen mit Rick Jarrows Werk »Wie ich die Arbeit finde, die ich liebe«. In diesem Buch von Brenda Ueland werden viele Ausschnitte aus den Briefen van Goghs an seinen Bruder Theo besprochen. Mir wird dabei nur bestätigt, was ich mehr und mehr empfinde, dass van Gogh einer der größten Maler ist, die je gelebt haben. Als junge Frau schrieb ich über ihn folgendes in mein Tagebuch: »Van Gogh – mehr und mehr erkenne ich seine Kraft und Botschaft an die Welt, obwohl ich sie nicht zu beschreiben vermag. Was ich kann, ist sein Geschenk an die Welt erspüren. Wenn ich seine Bilder betrachte, ist es mir möglich, in einer tiefen, inneren Gewissheit zu versinken, dass auch ich für mein Leben einen guten Weg finden werde.«

VASILIS JAGDGESCHICHTE

Abendessen mit Alexandra und Pannasos.

Sie führen Gabriella und mich in ein altes, griechisches Lokal. Im Sommer kann man von der Terrasse aus die Kanapitsa-Bucht sehen. Jetzt ist es zu kalt, um draußen zu sitzen. Wir beginnen relativ früh mit dem Abendessen. Später erst kommen die Einheimischen. Man kennt sich, schließlich ist Alexandra die Direktorin der Volksschule und Pannasos ist hier geboren. Die Menschen aus Skiathos bezeichnen alle als Fremde, die nicht auf der Insel geboren sind. Alexandra ist in Larissa geboren. Also hat Pannasos eine Fremde geheiratet. Pannasos wählt das Essen für uns aus. Es gibt köstliche Gemüsevorspeisen, junge Kalamari, Crevetten, Fisch, Oliven und viel Wein. Ein Grieche vom Nebentisch, sein Name ist Vasili, prostet uns immer wieder zu und lässt uns schließlich zwei Flaschen Wein bringen. Pannasos erzählt folgende Geschichte über Vasili: »Ich war auf der Jagd, hatte zwei Fasane geschossen. Beim Heimfahren hielt ich an einer Bäckerei und traf dort Vasili. Ich fragte ihn, ob er einen Fasan möchte. Vasili nahm den Fasan sehr gerne. Wochen später war ich wieder auf der Jagd, hatte wieder zwei Fasane geschossen, ging wieder in die gleiche Bäckerei und traf zufällig wieder auf Vasili. Dabei kaufen wir beide kaum in dieser Bäckerei ein.«

Vasili, der uns den Wein hat bringen lassen, erhebt sein Glas und nickt. Lachend prosten wir einander zu und trinken auf die Fasane.

Abend im Hafen von Skiathos

Die African Queen fährt nicht mehr und der hauseigene Jeep hat momentan kein Nummernschild. Es liegt, laut Pannasos, bei der Versicherung. So fahren Gabriella und ich mit dem Jeep nur bis zum Nostos-Strand, der nah bei der Bushaltestelle liegt, und stellen das Auto dort ab. Unterwegs betrachten zwei ältere Herren, die einen Abendspaziergang machen, die beiden Damen im Jeep sehr interessiert. Dann fällt ihr Blick auf das Nummernschild. Sie möchten doch wissen, woher die Damen kommen. Mit einem missbilligenden Kopfschütteln stellen sie fest, dass da gar kein Nummernschild ist. Wir amüsieren uns darüber. Wenn wir angehalten werden, hat Pannasos gesagt, sollen wir wahrheitsgetreu sagen, dass die Schilder gerade bei der Versicherung seien.

Wir nehmen den ziemlich leeren Bus, steigen am Hafen aus, schlendern dort am Jachthafen entlang. Die Reihen haben sich gelichtet. Als erstes entdecken wir Marks großes Zweimast-Segelschiff, die Jefferson. Sein Freund Ben ist auf dem Schiff und freut sich, uns zu sehen. »Mark und Ruben sind gestern zurück nach England«, sagt er. »Mark kommt nächste Woche wieder, wir machen das Schiff winterfest.«

Bei meiner ersten Reise nach Skiathos, vor nahezu zwanzig Jahren, lernten wir uns am Kanapitsa-Strand kennen. Damals gab es noch keine Liegestühle. Ich hatte meinen kleinen Neffen dabei und wir versuchten vergeblich, einen Sonnenschirm im Sand aufzustellen. Die drei englischen Gentlemen, Mark, Ben und Ruben, beobachteten uns und halfen sofort. Sie waren damals alle so um die 35 Jahre alt, tatkräftige, junge Männer. Ruben: nicht sehr groß, schlank, dunkelhaarig, hellhäutig, Lehrer, Ben: mit kahl rasiertem Kopf, athletisch und braun gebrannt, eitel, Elektroingenieur, Mark: dunkelhaarig, sportlich, mittelgroß, mit blauen Augen, der attraktivste Mann von allen. Mark stammt aus einfachen Verhältnissen, hat Maurer gelernt, dann Elektriker. Später hat er sich mit Hölzern beschäftigt, alles darüber verinnerlicht und einen Holzhandel in England eröffnet. Als er letztes Jahr verkaufte, hatte er sieben große Filialen aufgebaut. Nun erfüllt er sich mit diesem Segelschiff einen Traum. Mark hat erst mit 50 Jahren das Kapitänspatent gemacht. »Ich habe viel von der Welt gesehen«, sagte Mark einmal zu mir, »aber hier auf dieser Insel bin ich, außer daheim in England, am liebsten.« Im Jahr darauf lernte ich die Ehefrauen von Mark und Ruben kennen: Laura, Marks Frau, eine äußerst attraktive, überschlanke Engländerin mit einer Haut, wie sie fast nur Engländerinnen haben, und Martha, Rubens Ehefrau, klein, sehr mollig, liebenswert, die immer eine Art Mutter für alle ist. Obwohl beide Frauen die Insel sehr lieben, begleiten sie ihre Männer nicht immer. Beide sind kluge Frauen, die sich und ihren Männern viele Freiräume lassen. Ben kommt stets allein auf die Insel. Er ist seit langem zum zweiten Mal geschieden. Alle zusammen wohnen zweimal im Jahr für viele Wochen in der großen gemieteten Villa direkt am Kanapitsa-Strand, in der Nähe der Taverne.

Ben, Ruben und Mark kennen sich aus Kindertagen. Sie hatten sich aus den Augen verloren. Hier auf dieser Insel trafen sie sich wieder und ihre Freundschaft lebte auf. Seit nunmehr dreißig Jahren kommen sie nach Skiathos. Es ist auch ihre Insel. Jetzt wollen sich die Freunde ein großes Haus auf Skiathos bauen, das Platz hat für alle Kinder, Enkelkinder und Besucher. Sie haben sich Land gekauft, darauf hoffend, bald mit dem Bau ihres Hauses beginnen zu können. Alle zusammen sind sie bescheidene, liebenswerte, humorvolle, hilfsbereite Menschen geblieben, die überall mit anpacken und mit denen man wunderbare Gespräche führen kann.

Wir schlendern weiter durch den Hafen und begegnen vielen Griechen, die wir kennen. Hier ein Winken, da ein Nicken, dort eine Begrüßung. Küsse auf die Wange, Umarmungen, freundliches Schwatzen. Wir setzen uns in ein Hafencafé, trinken Retsina, beobachten das Leben. Die Saison ist zu Ende. Die Stuhlreihen, die sich ab Mai von jedem Café aus zum Hafen hin ausdehnen, größer werden mit der Anzahl der Gäste, sind jetzt wieder klein. Ein paar wenige Tische, ein paar Stühle, ein paar Sessel. Es gibt nur noch zwei kleine Boote, die mit Touristen auslaufen. Ein Mopedfahrer fährt vorbei, äußerst kunstvoll transportiert er einen riesigen Schwertfisch. Der Fisch ist hinten am Moped festgebunden. Mit der rechten Hand balanciert der Fahrer das Moped, mit der linken Hand hält er den Fisch. Die lange Fischschnauze mit dem schwertartigen Fortsatz hat er über den Lenker gelegt. Während wir dort sitzen, fährt Pannasos Vater auf seinem Mofa mit großer Geschwindigkeit über die kleine Hafenstraße. Er sieht sehr schlecht, was ihn aber nicht daran hindert, Mofa zu fahren. Pannasos schüttelt jedes Mal missbilligend den Kopf, wenn er ihn sieht oder davon hört. »Was soll ich machen«, sagt Pannasos, »ich kann doch einem Vater nichts verbieten.«

PANNASOS VATER

Aufgrund seines schlechten Sehens wurde er von der Stadtbehörde Skiathos frühzeitig pensioniert. Weil aber seine Pension zu klein war, hatte der Bürgermeister, der immer bestrebt ist, alles in der Hand seiner Inselbewohner zu belassen, eine Idee. Der Bürgermeister, zuständig für die Vergabe von Strandplätzen und Kiosken, teilte dem Vater einen gut gehenden Kiosk am Strand zu, damit er sich etwas zu seiner Pension dazu verdienen kann. Des Weiteren bekam er die Lizenz, währen der Saison einen fahrbaren Nuss-Verkaufsstand in der Stadt zu betreiben. Der Vater verkauft Nüsse, seine Frau und seine Tochter betreiben den Strandkiosk. »Wir sind eine wohlhabende Familie«, sagt Pannasos stolz. Und wann immer ich Pannasos Vater treffe, füllt er meine Taschen mit Nüssen.

HOWARDS HAUS NAMENS »FRIEDEN«

Zwischen rosa rankenden Kletterrosen hängt ein großes Schild am Gartentor, darauf steht der Name des Hauses: Frieden. Howard, vor neunundfünfzig Jahren in Südafrika geboren, managte viele Jahre lang griechische Kreuzfahrt-Schiffe in der Karibik. Durch seine griechischen Arbeitgeber fand Howard auf die Insel. Er lebte fast über dreißig Jahren immer wieder lange Monate auf Skiathos, seit fünf Jahren lebt er ganz hier. Und endlich hat er auch einen griechischen Pass. »Ich war so lange ein Fremder hier und ein Gefangener, weil ich keinen griechischen Pass bekam, jetzt habe ich einen Pass, jetzt bin ich ein freier Mann«, sagt Howard. »Dieses Haus ist mein Haus des Friedens und alle, die kommen, sollen diesen Frieden empfinden.«

Und so ist es. Howard hat aus einem verfallenen, alten, griechischen Bauernhaus ein neues Haus inmitten eines prächtigen Gartens erschaffen. Das Haus liegt idyllisch auf der anderen Seite der Bucht. Man kann von seinem Haus aus unser Haus sehen. Es hat verschiedene Ebenen. Im sonnendurchfluteten Haupthaus befinden sich ebenerdig ein Wohnzimmer mit Kamin, eine Treppe tiefer die Küche, eine Treppe höher, über dem Wohnzimmer, steht ein großer Tisch mit zehn Stühlen, eine Treppe höher befindet sich sein Schlafzimmer mit Bad. Alles wirkt gemütlich. Daneben gibt es ein weiteres kleines Haus mit Studio, wo Howard, wie er sich ausdrückt, geistig arbeitet und wo er seine Gäste unterbringt. Daneben, auf einer anderen Ebene, ist seine Werkstatt. Howards Garten birgt viele Ruheplätze. Überall liegen Besonderheiten von der Insel, die Howard zusammengetragen hat. Seltene Muscheln, vom Meer geschaffene Skulpturen, ein Vogelnest mit Kieselsteinen. Auf einem Springbrunnen in der Mitte des Gartens thronen drei Grazien, ein anderer Brunnen hat als Wasserspeier eine große Muschel.

Howard hat früher viel getrunken. Auf Skiathos gelang es ihm, vom Alkohol loszukommen. Er joggt und hat sein Leben komplett verändert. Howard lebt allein. Einst hatte er einen Partner, doch der ist gestorben. Er hat viele Bekannte und Freunde auf der Insel, aber er liebt es, ganz für sich sein zu können. Howard ist hier zum autodidakten Bauunternehmer geworden. Er hält Villen instand, baut sie um, baut neu. Er mag es, Aufträge zügig durchzuziehen. Wir erlebten staunend, wie er es mit »seiner Mannschaft« geschafft hat, in drei Tagen das alte Dach einer Villa abzutragen und das neue Dach fertig zu decken, und das in Griechenland, wo bei der Arbeit immer noch orientalische Verhältnisse herrschen. Howard hat genug Geld gespart, so dass er es sich gestatten kann, auch Aufträge abzulehnen.

Bei klassischer Musik sitzen wir im Garten und genießen kleine Häppchen, die Howard im Herd zubereitet hat. Wir lachen und erzählen viel. Über seine Kindheit und Jugendzeit in Südafrika spricht Howard nie. Da gibt es ein Geheimnis, und irgendwo ist auch ein tiefer Schmerz spürbar.

Howards Hund Pokey ist sehr alt, einundneunzig Menschenjahre. Pokey hat seinen festen Platz im Wohnzimmer. Wenn Gäste kommen, rennt er auf wackligen Pfoten laut bellend auf sie zu. Nach der Begrüßung marschiert er sofort wieder zu seinem Platz am Kamin und legt sich wieder hin. Vor vielen Jahren, als Howard und ich uns kennen lernten, hatte Howard den Hund stets in einem eigens für ihn konstruierten Korb vorne auf seiner Vespa dabei.

LETZTER MORGEN

Ein strahlender Tag bricht an. In der Nacht hat es geregnet. Es ist warm, alles duftet. Ich sitze bei meinen Rosen am Meer, bei den Möwen und den Bäumen. Ich schließe die Augen, lausche dem Vogelgezwitscher. Sonne scheint auf mein Gesicht. Wie gut sich das anfühlt, meine griechische Insel im Licht.

WIEDERSEHEN MIT FREUNDEN

Ich blicke aus dem Flugzeugfenster auf meine Insel Skiathos, während wir zur Landung ansetzen. Ich habe das Gefühl, als ob hier die Zeit stillgestanden hat. Alles sieht aus wie immer, die Insel ruht mit der ihr eigenen großen Schönheit im Meer, als wäre keine Zeit verstrichen. Und wie immer ist es wundervoll, früh morgens anzukommen. Türkisfarben leuchtet das Meer unter einem griechischen Sommerhimmel. Mit lachendem Gesicht empfängt Pannasos Gabriella und mich an der Gepäckausgabe. Sicherheitsbestimmungen? Was ist das? Als Sohn der Insel darf man überall hin.

Die Straßen zu »unserem Haus« sind gesäumt von Hortensien, Gardenienbüschen und Geranien. Die leuchtenden Sommerfarben der Bougainvillea- und Hibiskusblüten schmücken die Häuser. Überall blühen Rosen. Rotgelb gepunktete Trompetenblumen haben ihre mächtigen Ranken über die Mauern und zwischen den Jasmin gewunden. Der Oleander blüht verschwenderisch. Rot, rosa, zartgelb, farbenprächtige Kulisse unter einem mediterranen Firmament.

Es ist für mich wichtig, hier her zu fahren, wo alles in mir leer werden kann, wo ich angefüllt werde mit Sonne, Wind und Meer, mit den elementaren Kräften des Daseins. Sie helfen mir immer wieder, meine Mitte zu finden. Sie schaffen starke Fundamente, auf denen sich das Leben wieder stabilisieren lässt, denn alles muss gelebt werden und der Alltag ist oft eine schwere Übung.

Ich sitze an einem weißen Tisch auf der Terrasse mit Blick auf die Bucht. Alles ist still. Dann auf einmal beginnen Grillen und Zikaden miteinander zu musizieren, als wollte ein Insekt das andere übertrumpfen. Das Summen, Brummen und Zirpen wird den ganzen Tag über anhalten, bis sich die Sonne vom Tag verabschiedet. Dann verstummt es genau so plötzlich, wie es begonnen hat. Und doch, egal wie laut die Natur hier musiziert, niemals ist es störend, immer ist alles verbunden mit allem Sein.

Am Nachmittag setzt ein Sturm ein. Pinien und Platanen beugen ihre mächtigen Häupter weit hinunter. Sie werden kräftig durchgeschüttelt und nur, indem sie biegsam sind, passiert ihnen nichts. Fast sieht es aus, als würde es ihnen gefallen, dass der Sturm mit ihnen spielt, so als seien sie Gefährten in einer stürmischen Beziehung. Hier wie dort ist das Biegen der mögliche Kompromiss.

DIE ERSTEN TAGE AUF DER INSEL

Der erste Kaffee in der Taverne unten am Strand dient dem alljährlichen Begrüßungsritual. Willkommen, willkommen, ehrliche Wiedersehensfreude auf allen Gesichter. Lea kommt. Schon von weitem winkt sie, ich stehe auf und gehe ihr entgegen. »Mein Vater ist im Mai gestorben«, sagt sie und wir umarmen einander fest. Sie setzt sich zu mir und wir sprechen über das vergangene Jahr. »Ich bin so froh, dass ich die letzten Wochen bei meinem Vater sein konnte«, sagt Lea. »Ich denke, er hat auf mich gewartet.«

Eine Engländerin kommt zu uns an den Tisch und fragt Lea,

ob sie ihr die Haare schneiden könne. Zwei Stühle aus der Taverne werden an den Strand gestellt und schon bekommt die Frau von Lea einen Haarschnitt.

Später fahre ich Brot holen und treffe auf der Straße Ben. Er wohnt zurzeit alleine auf Marks Schiff. Mark, Laura, Martha und Ruben kommen nächste Woche. Die Genehmigung für den Hausbau ist immer noch nicht da, obwohl sie schon seit über einem Jahr darauf warten. »Nun, wir sind in Griechenland«, lacht Ben.

Als ich nach Hause komme, finde ich einen Zettel von Howard. Er war vorbeigekommen, um uns zu begrüßen. Als ich ihn anrufe, ist er ganz aufgelöst. Acht Freunde aus Südafrika sind zu Besuch auf der Insel und er ist gerade dabei, für alle zu kochen. »Essen ist genug da«, sagt er, »wollt ihr nicht auch kommen?«

»Lieber nicht, wir sehen uns später«, lehne ich ab.

STRAND VON VROMOLIMNOS

Die alte Mutter vom Tavernenbesitzer Petros sitzt ganz hinten im Eck und beobachtet mit freundlichem Gesicht das Geschehen. Sie singt vor sich hin. Ich begrüße sie, sie lächelt mich an, betrachtet mich aufmerksam, erkennt mich aber nicht mehr. Als ich beim Kaffee sitze, führt Petros sie an der Hand zu mir. Sie herzt und küsst mich überschwänglich. Irgendwie versucht sie, mich zu erkennen. Uta, ihre vierzehnjährige mongoloide Enkelin, Petros uneheliche Tochter, kommt dazu. Die alte Frau und Uta umarmen sich, küssen sich und wollen sich gar nicht mehr loslassen. Sie sind überaus zärtlich miteinander. Uta und die alte Frau halten sich an den Händen, froh einander zu haben. Beide lachen mich an, nicken mir zu.

»Uta ist ein großes Glück für meine Mutter und umgekehrt auch«, sagt Petros, bevor er und Uta die alte Frau wieder fortführt.

Als ich mich später von der alten Frau verabschiede, weiß sie nicht mehr, wer ich bin. Mitten im Trubel sitzt sie in ihrer eigenen Welt. Sie ist zurückgegangen zu sich, in ein anderes, stilles, von Erinnerungen geprägtes Leben. Lächelnd und irgendwie zufrieden mit dem Blick hinaus aufs Meer summt sie vor sich hin.

REFLEXIONEN

Ich denke an meine geschriebenen Geschichten und weiß manchmal nicht mehr, was Realität ist. Die Dinge sind miteinander verwoben, ewig eins, ewig wahr und ewig neu. Persönliche Wahrheiten, geschaffen durch Kreativität, die erst möglich wird durch Inspiration und die Beobachtung der Geschehnisse.

Gabriella und ich essen in einer neuen, zauberhaften Taverne, nicht weit weg von unserem Haus, zu Abend. Die Taverne liegt inmitten fruchtbarer Felder mit Tomaten, Kürbissen und Zucchini. Nach dem Essen schlendern wir im Schein einer Taschenlampe unter einem herrlich leuchtenden Sternenhimmel nach Hause. Alles ist still, nur das Rauschen des Meeres ist zu hören. Gabriella und ich sind berührt und verzaubert von all dieser Schönheit. Wir hängen uns beieinander ein und wissen, dass wir angekommen sind.

Pannasos begleitet uns bei einem nächtlichen Spaziergang. Wir hören seltsame Tierlaute. Pannasos erkennt sie alle. Es ist ein läufiges Fasanenweibchen dabei, Pannasos kann ihren Ruf nachmachen. Und tatsächlich, das Tier hält inne und antwortet. Mit Pannasos kann man höchst philosophische Gespräche führen. Seine Sprache ist oft blumig. So sagt er zum Beispiel über die vielen, jetzt verblühten, wild wachsenden Blumen: »Das ist so, denn alle Blumen haben jetzt Babys bekommen.« Einmal ließ er eine gefangene Wespe mit den Worten frei: »Alle sind freie Wesen, niemand darf gefangen sein.« Pannasos liebt es, vor allem in Winter in Begleitung seiner Hunde auf die Jagd zu gehen. Er jagt Fasane und Rebhühner.

ABEND IM HAFEN

Mit der African Queen fahren Gabriella und ich in die Stadt, machen Besorgungen, bummeln herum. »Gabriella, Childegard!« Aus einem der Hafenrestaurants höre ich laut unsere Namen. Es ist Alkis, der Schriftsteller, er ruft und winkt. Den Sommer über arbeitet er hier als Kellner, um seine Schriftstellerei zu finanzieren. Umarmt und geküsst, dann müssen wir wenigstens einen Ouzo miteinander trinken. »Ihr wisst ja, dass es die letzten Jahre nicht so gut gelaufen ist«, sagt Alkis, »aber jetzt ist das Buch fertig, es liegt bei einem Verleger in Athen. Vielleicht klappt es diesmal.« Alkis hebt beide Hände mit ausgestreckten Daumen nach oben und wir müssen draufspucken, damit alles glückt.

Wir speisen in einer kleinen Taverne. Der jüngste Sohn des Hauses, ungefähr zwölf Jahre alt, legt ein Papiertuch über unseren Tisch. In der Küche gibt es eine Gasflasche mit zwei Platten und einen Grill. Das ganze Restaurant wird damit bekocht. Die Taverne liegt zwischen den Häusern. Ein Weg führt mitten durch den Außenbereich der Taverne. Kinder machen Hüpfspiele, singen und behindern manchmal den Kellner, der ein Familienmitglied ist. Manchmal schimpft er, aber das nimmt keiner ernst. Viele Frauen schlendern vorbei, um Besorgungen fürs Abendessen zu machen. Gekocht wird immer frisch, egal wie spät es ist, die Geschäfte sind sowieso bis tief in die Nacht hinein geöffnet.

Gabriella und ich unterhalten uns über die unglaubliche Leichtigkeit des Seins, die über allem hier zu liegen scheint, und über die mögliche Täuschung. Und wir sprechen auch darüber, wie wichtig es ist, immer wieder unnötigen Ballast abzuwerfen, seien es Kleider, Gegenstände, Freundschaften, die keine mehr sind.

SONNTAGSAUSFLUG MIT GRIECHISCHEN FREUNDEN

Wir sind von Pannasos und Alexandra eingeladen, den Sonntag mit ihnen und ihren Freunden an einem idyllischen Ort in den Bergen zu verbringen. Wo sich dieser befindet, soll eine Überraschung sein. Pannasos holt uns gegen acht Uhr ab, bringt uns erst zu ihrem inmitten von Olivenbäumen gelegenen Haus, etwas außerhalb der Stadt. Pannasos hat ein ursprünglich winziges griechisches Haus in mühevoller Eigenarbeit erweitert. Alexandra erwartet uns. Sie sieht gut aus, ist dünner geworden und hat, wie sie mir leise gesteht, endlich die Hormonbehandlung zum Kinderkriegen aufgegeben. Vorm Haus, unter einer palmgedeckten Pergola, steht ein Esstisch mit zehn Stühlen. Von hier aus blickt man aufs Meer, auf den Ort und in die

Olivenhaine. Hinter dem Haus ziehen sich sanfte Hügel die Berge hinauf. Pannasos und Alexandra haben zwei Jagdhunde, einen deutschen Schäferhund, Hühner, zwei Esel und viele Katzen, die sich offenbar alle vertragen. Wenn man in das Haus hineingeht, betritt man gleich einen Salon mit offenem Kamin. Es gibt viele Bücher und schöne Ölgemälde, alle von Alexandras Vater und ihrer Schwester gemalt. Der Salon führt in einen zweiten, kleineren Salon. Hier korrigiert Alexandra die Schulhefte und macht ihre Vorbereitungen. Dann gibt es noch ein Schlafzimmer und ein Badezimmer.

Wir steigen in einen großen, uralten Jeep und fahren los. Ein heißer Tag liegt vor uns. Immer höher fahren wir hinauf. Die Sicht ist grandios. Wie eine Offenbarung an Fülle und Farben leuchtet die Insel im Sonnenglanz. Dann entschwindet das Meer unserem Blick. Wir fahren staubige Wege entlang, durch Wälder und Olivenhaine auf die Nordseite der Insel, in die Nähe des ehemaligen Klosters Kastro. Manchmal mag ich gar nicht aus dem Seitenfenster sehen, so tief ist der Abgrund. Pannasos ist ein guter Autofahrer. Dann, ganz plötzlich, kommt das Meer wieder in Sicht, zieht sich hinter Wald und Felsen bis zum Horizont. Weit unten glitzert es, wie mit tausend Diamanten bestreut. Ewig alt und neu zugleich. Prächtiger kann keine Insel sein.

Wir erreichen eine Pilgerstätte, die dem Heiligen Johannes dem Täufer geweiht ist, nahe der Klosterruine Kastro, die wir so gerne haben. Inmitten schattiger Obst- und Olivenbäume steht ein lang gestrecktes, einstöckiges, aus Steinen gemauertes Gebäude. Auf einem Hügel steht die kleine Walfahrtskapelle mit dem frei stehenden Glockenturm daneben. Es gibt eine ummauerte Quelle, aus der jeder trinken darf. Zwei ältere Frauen mit ihren Ehemännern und ein weiterer Mann erwarten uns, heißen uns herzlich willkommen. Pannasos und die Männer treffen sich fast jeden Sonntag hier. Sie halten ehrenamtlich das Anwesen in Ordnung. Manchmal bleiben die Männer über Nacht. Im Haus gibt es Schlafplätze, sauber, karg, der Besinnlichkeit dienend.

Alexandra, Pannasos, Gabriella und ich besuchen die kleine Kirche. Alexandra und Pannasos küssen sämtliche Ikonen und bekreuzigen sich oft. Es ist eine tief verwurzelte Frömmigkeit in ihnen. Als wir aus der Kirche kommen, haben die Frauen für uns Kaffee gekocht. Sie schlagen uns vor, schwimmen zu gehen, während sie Vorbereitungen fürs Mittagessen treffen. Während sie ihre »Arbeit« verrichten, laufen Gabriella und ich aus schwindelnder Höhe einen schmalen, steinigen Pfad hinunter zum Strand. Überall stehen duftende Salbeibüsche, der Thymian blüht purpurfarben. Am Strand gibt es eine kleine Taverne. Sie besteht aus fünf windschiefen Tischen, ebensolchen Stühlen und einem kaputten Strohdach. Außer dem Wirt ist keiner da. Wir schwimmen in einem türkisfarbenen Meer. Gegen Mittag kommen zwei Ausflugsboote und wir machen uns auf den beschwerlichen Weg zurück.

Bei der Pilgerstätte ist ein Tisch unter Schatten spendenden Platanen aufgestellt worden. Auf dem Holzkohlengrill liegen riesige Fleischportionen. Wir werden bewirtet mit Salat, Brot, Wein, Bier und frischem Quellwasser. Man nickt sich laut schmatzend zu. Nach dem Essen sucht sich jeder einen Platz zum Schlafen unter irgendeinem Baum. Ich gehe hinüber in die Kapelle. Ich bin dort allein, fühle mich unendlich geborgen und froh an diesem Ort des Friedens. Die Kapelle ist zwischenzeitlich von den Frauen mit frischen Blumen geschmückt worden. Kerzen brennen, ich zünde auch welche an. Alles ist still, als hätte die Welt ihren Atem angehalten. Als ich aus der Kapelle wieder hinaustrete, werde ich eingehüllt vom Summen der Zikaden, dem Zwitschern der Vögel, dem sanften

Plätschern der Quelle. Weit unten glitzert das Meer und auf der anderen Seite liegt der Pilion mit seinen kleinen Dörfern. Ich bleibe lange stehen, nehme alles in mich auf. Zeitlos, ganz nah bei mir und ewig geborgen an dieser heilsamen Stätte.

Am Spätnachmittag fahren wir zurück. Stürzen uns an der Kanapitsa ins Meer. Zeitlosigkeit auch hier. Nichts muss getan werden, niemand wartet. Ich lasse mich von Meer, Sonne und Wind liebkosen. Ich halte ein Schwätzchen mit Ben, der mit Marks Schiff in die Bucht gefahren kommt, kaufe einem kleinen Mädchen ein Eis. Ihr etwa siebenjähriger Bruder übt Wasserskifahren. Er benutzt ein kleines Brett, auf dem er zu stehen versucht, während ein anderer Junge ihn spielerisch übers Wasser zieht. Ich plaudere mit einem Kellner der Kanapitsa-Taverne über die griechische Hochzeit, die heute Abend in der Taverne stattfindet. Dort ist jeder Stuhl für die Hochzeitsgäste mit einem weißen, bis zum Boden hängenden Musselintuch umhüllt. Wenn der Wind durch die Tücher weht, gibt er dem Ganzen ein leicht mystisches Aussehen.

Kurz nach neun Uhr steigt ein glutroter Vollmond aus dem Meer auf. Ich nehme ein Fernglas und beobachte das Geschehen von der Terrasse unseres Hauses aus. Laute griechische Musik ist zu hören. Ein bunt beleuchtetes Boot gleitet übers Wasser in die Bucht. Vorne stehen Braut und Bräutigam. Sie werden erwartet von den Gästen in der Taverne.

DAS UNBESCHWERTE KIND IN MIR

Ich sitze im Bett und trinke Kaffee. Heiß, schwarz, süß. Von hier aus kann ich Howards Haus drüben auf der anderen Seite der Bucht sehen. Ich stehe auf und gehe nach draußen. Wie ein großer Spiegel liegt das Meer glatt und still da.

Kein Lüftchen regt sich. Wunderbare Stille. Sanftes, rötliches Violett beginnt das Firmament zu überziehen. Frieden liegt über der Bucht. Mit ausgebreiteten, leicht zitternden Flügeln sitzt ein Zitronenfalter im Gras. Wie ein Diamant glänzt ein Tautropfen auf ihm. Eine fette Raupe tastet sich über meine Terrasse. Sie ist rosa, grün und braun. Ihr Kopf hat die Form einer Schildkröte. Ich hebe sie auf und setze sie ins Gras. Sie hält ein Weilchen inne, muss sich zurechtfinden. Jetzt verändert sich ihre Kopfform zu einem kleinen Rüssel, der tastet und saugt, dann kriecht sie los. Die Stille wird jäh unterbrochen von Krähen, die herumfliegen und seltsame Laute ausstoßen. Möwen kreisen über der Bucht, schreien wie Babys. Plötzlich weiß ich, womit mein großes Glücksgefühl, das ich immer hier auf dieser Insel empfinde, zu tun hat. Es ist der Teil meines unbeschwerten Kindes, den ich hier leben kann, den ich als Kind nie leben konnte. Kein Ballast hemmt mich, ich benötigt nicht wirklich viel in dieser prachtvollen Natur. Ich bin ein Teil von allem und ich habe Zeit für mich. Die Überschaubarkeit der Dinge tröstet und heilt mich.

Was alles so passiert auf Skiathos

Wenn ich hinuntergehe zum Strand, liegt da versteckt im Schilf ein hübsches kleines Haus mit eidottergelben Fensterläden. Ein altes, englisches Paar verlebte hier die Sommer. Als sie älter und das Reisen beschwerlich wurde, blieben sie ganz hier. Ihre Kinder und Enkelkinder kamen oft zu Besuch. Der Kapitän der African Queen versorgte sie mit allem, was sie aus der Stadt benötigten und auch ansonsten achteten hier alle auf dieses Paar. Irgendwann starb der Mann. Die alte Frau fuhr zurück nach England. Einige Jahre kamen nur die Enkel und die Kinder. Und jetzt, plötzlich in diesem Sommer, war die alte Frau wieder da, in Begleitung ihrer Tochter und ihres Enkels. »Es war ein großer Wunsch meiner Mutter, noch einmal ihre Insel und ihr Haus zu sehen«, sagte mir ihre Tochter Diana.

An einem späten Nachmittag, unbemerkt von allen, ging die alte Frau die wenigen Stufen ihres Hauses hinunter zum Strand und stürzte sich voller Begeisterung ins Meer, genauso, wie sie es früher immer getan hatte. Sie schwamm und schwamm, wohl wissend, dass das Meer sie tragen würde. Doch dem war nicht so. Die alte Dame, nunmehr neunzig Jahre alt, ging unter. Diana, die sich zu diesem Zeitpunkt mit uns am Strand unterhielt, war die Erste, die ihre Mutter im Meer treiben sah. Gemeinsam gelang es uns, sie an Land zu bringen. Die alte Frau hustete ein wenig, war etwas verwirrt. Sie rief immer wieder: »Aber ich kann doch schwimmen, ich kann doch schwimmen.« Es war so, als hätte ihr der Umstand, dass sie fast ertrunken wäre, überhaupt nichts angehabt. Sie war nicht einmal in Panik, zeigte keine Ängste, nur Freude darüber, im Meer gewesen zu sein. Das Meer war ihr Freund, viele, viele Jahre lang. Sie lebte am Meer. Das Meer war das Erste, was sie am Morgen sah und das Letzte, wenn sie sich zum Schlafen legte. Und dort wollte sie hin, in ihr Meer. Es wäre wohl ihr Lieblingstod gewesen, in ihrem geliebten Meer zu versinken.

AUSFLUG AUF DIE NACHBARINSEL SKOPELOS

Am Morgen nehmen Gabriella und ich die große Fähre. Wir stehen weit oben und gleiten mit dem Schiff übers Meer. Auf der Insel Skopelos angekommen, wollen wir mit dem lokalen Bus eine Tour über die Insel machen. Leider gibt es keine Koordination zwischen Schiff und Bus. Der infrage kommende

Bus ist gerade weggefahren, der nächste in ein paar Stunden wäre zu spät, um das Schiff für die Rückfahrt zu bekommen. Also bleiben wir hier und bummeln durch das bezaubernde Skopelos mit seinen winzigen und dennoch üppigen Gärten. Über viele Stufen steigen wir hinauf zum »Kleinen Café«. Wir trinken Kaffee und blicken aufs türkisfarbene Meer. Alles ist still. Leise, fast zart erklingt Gitarrenmusik. Es ist, als würde Zeit nicht existieren. Auf einer weiß getünchten Mauer sitzt eine Möwe. Sie breitet ihre Flügel aus, schwingt sich in die Luft und gleitet dahin. Ohne Anstrengung, mit großer Hingabe an den Wind. Später entdecken wir unter dem Dach eines Hauses ein Schwalbennest. Im Nest sitzen sechs kleine Schwalben, dicht aneinander gedrängt, mit offenen Schnäbelchen. Über das Hausdach hängen die purpurfarbenen Blüten eines Bougainvilleabaumes herab. Das Elternpaar kommt geflogen, um die Kleinen zu füttern. Als sie uns entdecken, fliegen sie aufgeregt herum. Wir verstecken uns, verhalten uns ruhig und dann können wir beobachten, wie die kleinen Schnäbel gestopft werden.

In einem winzigen Geschäft entdecke ich zwei Paar sehr schöne Ohrringe. Ich lasse sie mir zeigen, probiere sie an. Ich kann mich nicht entscheiden, also kaufe ich beide und schenke sie mir. Meine Ohrringe werden in kleine Samtbeutelchen verpackt, ein kleines Blümchen wird oben drauf gelegt.

BEOBACHTUNGEN IM HAFEN VON SKOPELOS

Ein Junge, etwa vierzehn Jahre alt, und sein Vater sitzen auf der Hafenmauer und fangen mittels einer Nylonschnur Fische. Sie werfen kleine Brotstücke ins Wasser, die Fische beißen sofort an. Wenn ein Fisch angebissen hat, ziehen sie die Schnüre heraus, entfernen behutsam den Haken und legen den lebenden Fisch zu anderen zappelnden Fischen in eine mitgebrachte Plastiktüte. Mir wird ganz elend bei diesem Anblick. In der Nähe der beiden entdecke ich eine junge Frau mit Kinderwagen. Sie beobachtet wohlwollend, was die beiden Männer tun. Immer wieder, wenn sie einen Fisch gefangen haben, zeigen sie ihn der Frau. Der Junge hat einen sehr kleinen Fisch gefangen. Er entfernt den Haken, geht zu einer träge in der Sonne liegenden dicken Katze und wirft ihr den zappelnden kleinen Fisch hin. Die Katze reagiert zunächst gar nicht, beobachtet den Fisch. Der Junge, streichelt zärtlich die Katze, nennt sie beim Namen. Die faule Katze nimmt jetzt den kleinen Fisch ins Maul, trägt ihn zu einem schattigen Platz. Dort beißt sie ihn tot. Der Junge setzt sich wieder auf die Hafenmauer und angelt weiter. Der ältere Mann nimmt die Plastiktüte mit den zappelnden Fischen, zeigt sie der Frau. Sie wirft einen Blick in die Tüte, lächelt und verstaut alles unten im Kinderwagen. Aus einem Beutel nimmt sie ein Spray heraus und besprüht die Hände des Mannes damit. Dieser reibt seine Hände hin und her. Sie gibt ihm ein Tuch, er trocknet sich ab. Beide lächeln sich an. Die Frau ruft dem Jungen etwas zu, er kommt angelaufen. Zusammen gehen sie fort. Während sie gehen, legt der Mann beschützend den Arm um die Frau.

Der Flying Dolphin verlässt den Hafen von Skopelos. Mit einem letzten Blick verabschieden wir uns von seiner zauberhaften Schönheit. Schon fahren wir übers offene Meer, heim nach Skiathos. Als wir ankommen, ist es früh am Abend und noch still. Wir setzen uns in ein Hafencafé, trinken einen Aperitif und warten auf die African Queen. Aufgeregt kommt ein älterer, feiner Herr auf uns zu. »Sprechen Sie Englisch?«, fragt er.

»Ja«, antworten wir.

Erleichtert fragt er, wie er mit dem Schiff zum Plaza-Hotel käme. Wir können ihn beruhigen. Das richtige Schiff, die African Queen, würde gleich kommen. Er solle sich uns anschließen. Erleichtert geht er seine Frau suchen, die ihrerseits im Hafen herumirrt und Leute nach dem richtigen Schiff befragt.

HEIMFAHRT ÜBERS MEER

Wir erzählen Kapitän Theodorakis von unserem Ausflug. Als wir uns der Kanapitsa-Bucht nähern, sehen wir Lucia unter ihrer Pergola an ihren Strand in der Hängematte liegen. Ein fünfundachtzigjähriges, dynamisches, weibliches Wesen, weder Tod noch Teufel fürchtend, vertraut mit Wind und Meer. Sie macht sich jeden Abend fein für sich selbst. Nie lässt sie sich gehen. Sie kocht sich jeden Tag Mittagessen mit Zutaten aus ihrem großen Garten. Und doch ist sie auch manchmal einsam, denn fast alle um sie herum sind gestorben. Manchmal besucht sie am Abend das Grab ihres Mannes Hermann und setzt sich zu der alten Friedhofswärterin auf die Bank. Die Friedhofswärterin achtet darauf, dass des Nachts auf keinem Grab die Öllampen ausgehen. Die Begrabenen sollen die Lebenden sehen, damit sie miteinander kommunizieren können.

Als die African Queen in die Kanapitsa-Bucht einläuft und man das kleine Plaza-Hotel sehen kann, ist das ältere Paar überglücklich, das richtige Schiff gefunden zu haben.

Als wir ins Haus kommen, ist Pannasos damit beschäftigt, die Pflanzen im Garten mit einem Schlauch zu bewässern. Später sitzen er und ich auf der Terrasse und plaudern miteinander. Pannasos erzählt von seiner geschiedenen Frau. »Helena war am Anfang unserer Beziehung ein Engel, ich konnte kaum glauben, wie sanft sie war. Dann, während unserer Ehe, wurde sie zur Hexe und alles brach zusammen.« Mit lebhaften Gesten und großen Augen unterstreicht Pannasos, was er meint. »An manchen Tagen wusste ich nicht, mit wem ich zu tun habe.« Er zögert eine Weile, atmet tief durch. »Alexandra dagegen hat mir nie etwas vorgemacht. Sie war von Anfang an eine Hexe.« Pannasos lächelt verschmitzt. »Sie kann liebevoll sein, aber auch sehr zornig und laut, besonders, wenn wir streiten. Damit kann ich umgehen. Sie hat mir gleich gezeigt, wie sie ist, nicht den Engel vorgespielt.« Verächtlich zieht Pannasos die Spucke durch die Zähne, zieht die Mundwinkel nach unten. »Bei ihr sind die Dinge klar. Deshalb verstehen wir uns.« Pannasos bewegt dabei den Kopf auf eine Art, wie das nur Griechen können. Es kann alles bedeuten, Zustimmung, Erkenntnis, Feststellung, was auch immer. Dann erzählt er mir von seinem Bruder, der sehr unglücklich ist, seit er eine Finnin geheiratet hat und in Finnland lebt. »Die Dunkelheit macht ihm zu schaffen«, sagt Pannasos. »Und weißt du, wie sie in Finnland Menschen aus mediterranen Ländern nennen? Sie nennen sie Schwarze.« Verächtlich verzieht er das Gesicht und spuckt auf den Boden: »Da fahre ich doch erst gar nicht hin.«

Gabriella kommt singend zu uns auf die Terrasse. »Wenn ich dich sehe, als zweite Sirene«, ruft Pannasos ihr zu, »denke ich an all die Sirenen der griechischen Mythologie, die unzählige Männer mit ihrem betörenden Gesang in den Abgrund führten.« Gabriella lacht sehr. Als Pannasos fort ist, hören wir Agnes Baltsa mit Liedern aus ihrer griechischen Heimat.

Mit einem rötlichen Kratergesicht steigt zu später Stunde ein dicker Vollmond aus dem offenen Meer und sendet sein Licht über die Bucht. Wenn eine späte Fähre die Bahn kreuzt, findet für einen Moment eine glanzvolle Theateraufführung statt. Silbern leuchtend gleitet ein Fabelwesen übers Meer. Und dann, ganz plötzlich, ist das Fabelwesen verschwunden. Nichts als ein flüchtiger Schemen bleibt zurück. Im Licht dieses Mondes sehen die großen Sonnenschirme im Hof wie überdimensionale Kegel aus. Inspirationen, geschaffen aus Form und Illusion.

SOMMERLEBEN

München ist weit, weit weg, aber stets auch nah, als ein unveränderlicher Teil Heimat in mir. Hier lebe ich mit Meer, Wind, Sonne und gehöre mir selbst. Sicherlich benötige ich dieses Mir-gehören-können viel mehr als andere Menschen. Schon als Kind brauchte ich das. Ich liebe es, Menschen um mich zu haben, mich einzubringen. Doch weiß ich heute, dass mir dies nur möglich ist, wenn genug Zeit für mich bleibt. Nur wenn ich auch viel Zeit mit mir verbringen kann, reifen meine Gedanken zur Tat.

TAG AM STRAND

Heute ist es schon am frühen Morgen sehr heiß. Ich gehe hinunter zum Meer. Am Strand liegt eine alte, englische Lady in einem Liegestuhl. Wir lächelnd einander zu. Alles an ihr ist very britisch. Sie trägt einen Badeanzug mit Röckchen, ein Relikt aus längst vergangenen Tagen. Niemals würden Griechen über so etwas lachen, weder Alt noch Jung. Es ist, wie es ist. Ob abgewetzte Schuhe, ob schmutzige Schuhe, ob ohne Reißverschluss oder mit, Mensch ist Mensch und unter Gottes griechischem Inselhimmel sind alle gleich. Später kommt Ben zum Strand. Wir setzen uns in die Taverne und trinken auf die Baugenehmigung, die nach einem Jahr Wartezeit nunmehr vorliegt. Irgendwann taucht Lea auf, gesellt sich zu uns, und dann auch Howard. Gabriella taucht zwischendurch für einen Kaffee auf, geht aber bald wieder, da wir heute Abend Gäste haben und sie das Abendessen vorbereitet. Es gibt toskanisches Huhn und weil es keine Stücke vom Huhn zu kaufen gab, muss sie zwei ganze Hühner klein hacken.

ABENDESSEN AUF DER TERRASSE MIT BLICK AUF DIE BUCHT

Wir haben Alexandra und Pannasos eingeladen. Alexandra hat uns eine köstliche, selbst gemachte griechische Süßspeise mitgebracht. Während des Abends erzählt sie uns von ihrer Arbeit an der Schule und von Drogenproblemen, die es verstärkt gibt, und dass immer mehr Familien auseinander fallen. »Es geschieht hier verspätet«, sagt Alexandra, »aber es geschieht auch hier.« Alexandra leidet noch immer darunter, dass sie kein Kind hat. Eine griechische Frau ohne Kind sei minderwertig, hatte sie mir vor langer Zeit gesagt. Da hatte sie noch Hoffnung, ein Kind zu bekommen.

Im Laufe des Abends erzählt Pannasos von dem kleinen Vogel, der jedes Jahr im Mai für ein paar Tage auf der großen Pinie im Garten sitzt. »Er ist unscheinbar und singt so bezaubernd, dass ich am Abend und am Morgen komme, um ihm zuzuhören. In der Zwischenzeit sind wir Freunde geworden. Er singt für mich, jedes Jahr.« Mittels eines Lexikons finden wir heraus, dass es sich um eine Nachtigall handelt. Pannasos erzählt auch von anderen Vögeln, die auf ihrem Weg nach Afrika im Spätherbst ein paar Tage hier auf der Insel ausruhen, ebenso auf ihrem Weg zurück. Windlichter brennen, die Zikaden sind verstummt, am Firmament leuchten die Sterne. Das Meer ist still. Frieden liegt über dem Land.

Wir nehmen die African Queen zum Hafen. Von weitem sehen wir sie kommen. Der Kapitän winkt uns und steuert direkt auf uns zu. Normalerweise fährt er morgens zuerst zum Nostos-Strand, um dort Passagiere aufzunehmen. Diesmal macht er es umgekehrt. Wir sind die einzigen Gäste und auch am Nostos-Strand steigt niemand ein. Die African Queen fährt los, wendet sich dem offenen stillen Meer zu. Während wir durch das türkisfarbene Wasser gleiten, beginnt der Kapitän leise zu singen. Möwen haben sich auf der ruhigen Wasseroberfläche niedergelassen. Immer kleiner wird der Steg. Oleander, Bougainvilleasträucher und die Bucht treten zurück. Es ist ein Mosaik aus prächtiger Schönheit. Tief im Herzen trage ich dieses Bild mit mir durchs Leben. Es ist Teil meiner inneren Landschaft.

Während der Fahrt bessert der Assistent auf Anweisung des Chefs die Fahrzeiten aus. Jetzt im Sommer werden die Fahrzeiten bis tief in die Nacht hinein ausgedehnt. Eines der Schilder vergisst er abzuändern, es bleibt mit den alten Fahrzeiten außen an der African Queen hängen, was sicherlich die Gäste verwirren wird. Aber irgendwie kommen immer alle an.

Inselrundfahrt

Nach und nach füllen sich die großen Ausflugsschiffe am Hafen mit Gästen. Wir steigen in ein kleines Fischerboot um. Schon geht es los, vorbei an der Wasserschlangeninsel, Richtung Lalaria. Geschickt manövriert der Kapitän, stets mit brennender Zigarette im Mundwinkel, sein Schiff durch die steinigen Wasserwege. Ein älterer Mann und ein kleiner Junge von ungefähr dreizehn bis vierzehn Jahren helfen ihm dabei.

Verstohlen betrachte ich das Gesicht des Jungen. Er hat ein uraltes Gesicht, voller Erfahrung. Nur äußerlich, von seiner Statur her, ist er ein Kind.

REFLEKTIONEN WÄHREND DER FAHRT –
PLATZ SCHAFFEN FÜR WESENTLICHES

Hier, in dieser Landschaft, wo ich zeitlos mir und der Natur gehöre, kann ich mit tiefer Sicherheit durch Loslassen leer werden. Ich brauche nicht über irgendetwas nachzudenken. Möglichkeiten und Begrenzungen treten deutlich hervor, zeigen sich, wenn wieder Raum in mir ist. Leere und Stille weisen so Richtung und gehbare Wege.

Die religiösen Rituale vergangener Zeiten haben für die Menschen, die sie annehmen können, einen tiefen Sinn. Das Beichtritual hat die Bedeutung der Befreiung. Oder Ostern, das Fest der Auferstehung, ein Symbol des Lebens, wie wir nach schweren Tagen immer wieder auf die Beine kommen. Pfingsten, das Fest der Erkenntnis unserer Möglichkeiten. Eigentlich schade, wie all diese Traditionen und hilfreichen Rituale verloren gehen in Diktat, Missbrauch und Missachtung durch wen auch immer. Und auch mir ist es zum ersten Mal seit langem wieder möglich, über diese Rituale meiner Kindheit nachzudenken. Während ich übers Meer dahin gleite, nehme ich mir ganz fest vor, auch mal wieder zu fasten, so wie ich das früher oft getan habe.

Weit entfernt sehe ich die Kasandra fahren, das größte Ausflugsschiff der Insel. Sie hat Kurs auf Alonysos genommen. Ein kleineres Schiff fährt jetzt fast neben uns. Die Menschen an Bord winken einander zu und lächeln sich an. »Das Lächeln ist die kürzeste Verbindung zum anderen«, schrieb der griechische Dichter Nikos Kasanzakis. Nach einer halben Stunde erreichen wir den Strand von Lalaria. Eine Stunde haben wir Zeit, im silberblauen Meer zu schwimmen. Dort liegen riesige, vom Meer glatt geschliffene Marmorsteine, geben dem Wasser eine fast unwirkliche Farbe. Nach dem Schwimmen lasse ich meinen Badeanzug von der Sonne trocknen, binde mir mein neues, türkisfarbenes Tuch um, das ich bei Lea gekauft habe, und gehe so aufs Schiff zurück. Weiter geht die Fahrt, vorbei an blauen Grotten, zum Strand von Kastro. Delphine begleiten uns. Auch hier bleiben wir für eine Stunde. Zeit für ein Gläschen Retsina in einer heruntergekommenen, strohgedeckten Taverne. Plaudern, hören, sehen, fühlen, schwimmen, bis die Hupe zur Weiterfahrt ertönt. Wir umfahren die Inselspitze. Weit oben entdecken wir die kleine Kapelle, wo wir letzten Sonntag so großzügig bewirtet wurden. Rechts von uns ist jetzt das Festland zu sehen, der Pilion.

Mittagessen in der bezaubernden Taverne am Strand von Eleni. Außer den wenigen Gästen von unserem Schiff sind kaum Menschen da. Wir essen gebratenen Tintenfisch, griechischen Salat, frisches Maisbrot, trinken Retsina und Wasser. Unser Schiff ist zum Ankern hinausgefahren, wahrscheinlich hält die Schiffsbesatzung ihren Mittagsschlaf. Freies, unbeschwertes Sommerleben. Nichts engt ein. Noch immer tragen wir Badeanzüge mit Tüchern. Alles andere ist in unseren Taschen verstaut.

Still ist es, als wir am Spätnachmittag in den Hafen von Skiathos zurückkommen. Auf der von Wind umwehten Halbinsel, nahe beim Hafen, trinken wir Eiskaffee, während wir auf die African Queen warten. Als wir schließlich wieder in die Kanapitsa-Bucht einlaufen, ist die Hitze des Tages einer sanften Wärme gewichen. Drei Kinder bauen Sandburgen. Und auch wir wollen noch nicht heim. Wir stellen unsere Taschen ab, laufen ins Meer und lassen uns von den sanften Wellen in den Abend tragen.

Am Himmel hängen Regenwolken. Am Morgen umlaufen wir die Bucht, kaufen frisches Brot bei Helena, Pannasos geschiedener Frau, mit der er eine Tochter, Nana, hat. Am Mittag hat der Himmel sich aufgetan zu einem neuen, leuchtenden Sommertag. Es gibt keinen schöneren Sommer für mich, als den Sommer hier auf der Insel.

ABEND MIT LEA UND GABRIELLA –
»GIRLS EVENING«, WIE LEA SAGT

Wir treffen uns bei der African Queen. Lea ist schon da, raucht sehr ladylike eine Mentholzigarette. Sie ist besonders schick gekleidet, trägt herrlichen, von ihr selbst entworfenen Schmuck. In einem Café am Hafen nehmen Lea und ich unseren Aperitif. Gabriella möchte vor dem Essen herumbummeln. Lea und ich lassen das Jahr Revue passieren. Lea erzählt mir eine Geschichte, die ich bisher so nicht kannte, dass sie viele Monate nach dem Tod ihres zweiten Mannes Rod hier auf der Insel eine heftige Affäre mit einem jungen Griechen hatte. »Drei Wochen Seligkeit, und das war's dann«, sagt Lea. »Kurz danach habe ich Mel kennen gelernt.«

Lea ist in Dänemark geboren, ihre Mutter war Schwedin. Sie kam als Kind mit ihren Eltern nach England und sie kann noch immer fließend Dänisch sprechen. Trotz ihrer zwei Ehen mit englischen Männern hat Lea noch ihren dänischen Pass. Wir sprechen über ihre Ehe mit Rod, der so früh an Krebs starb. »Wir kannten uns eine Weile, mochten uns, aber eine wirkliche Liebesbeziehung war es anfangs nicht. Irgendwann fuhr er nach Australien, um seine Schwester zu besuchen und ich begleitete ihn bis Singapur. Dort sagte er zu mir: »Lea ich würde mich freuen, wenn du mitkommen würdest nach Australien, und wir heiraten dort.« Und so geschah es. Lea lacht: »Die Flitterwochen verbrachten wir auf Matlock Island am großen Barriere-Riff. Aus den anfänglich nicht so großen Gefühlen ist dann eine große Liebe geworden, mit heftigen Auseinandersetzungen, doch immer wieder sind wir aufeinander zu gegangen. Eine lebendige Beziehung mit Höhen und Tiefen.« Jetzt steht Lea vor ihrer dritten Ehe, der Ehe mit Mel. Sie werden im Oktober in London heiraten.

Lea und Mels Geschichte

Als sie Mel auf Skiathos kennen lernte, war sie zunächst nicht an ihm interessiert, er aber an ihr. Doch Lea wandte sich einem jungen Griechen zu. Ein halbes Jahr später, als Lea wieder auf die Insel kam, nahm sie Mels Einladung in ein Restaurant an. Lea: »Ich trug ein weißes Kleid und als ich zur Toilette ging, bemerkte ich voller Entsetzen, dass mein Tampon durchgeblutet hatte. Was tun? Schließlich steckte ich den Kopf zur Tür raus und bat die Bedienung, Mel zu rufen. Der kam sofort, fragte, was los sei. ›Ich brauche dein T-Shirt‹, sagte ich. Er sah mich eine Weile verdutzt an. ›Jetzt sofort?‹, fragte er. ›Jetzt sofort‹, sagte ich. Mel überlegte nicht lange, zog sein T-Shirt aus und gab es mir. Ich band mir das Shirt um und von diesem Moment an mochte ich ihn. Es war sein humorvolles, unkonventionelles Handeln, was mich für ihn einnahm.«

Gegen halb neun treffen wir Gabriella. Gemeinsam schlendern wir zur griechische Taverne Alexandros. Auf dem Weg dorthin entdecken wir den Kapitän der African Queen. Theodorakis sitzt in einem kleinen Restaurant und lässt es sich munden. Ein kleines Fläschchen Retsina, eine Portion Tintenfisch, einen Salat, Brot, Wasser. Um diese Zeit, ist das für ihn

Mittagessen. Nach Mitternacht, wenn sein Dienst zu Ende ist, geht er zum Abendessen. Und danach trifft er seine Freunde. Die Frau von Theodorakis lässt ihn gewähren. Sie ist vom alten Schlag der Frauen, die sich daran halten, dass sie ins Haus gehören. Im Winter hat sie ihren Mann dann wieder.

Wir kommen zu der alten, sehr schönen Taverne Alexandros mit vielen Schatten spendenden Bäumen. Viele Griechen sind da. Weil wir Yanis, den Bouzouki-Spieler, kennen, bekommen wir einen besonders schönen Tisch. Zu später Stunde taucht Yanis auf, in einer Hand die Bouzouki, in der anderen Hand die obligatorische Zigarette. Er trägt eine lange Hose und ein weißes, exakt gebügeltes Hemd. Er begrüßt uns. Ein zweiter Musiker kommt dazu. Sie beginnen zu spielen und zu singen. Die beiden Musiker sind gut aufeinander eingespielt, singen mit Inbrunst und Wehmut griechische Lieder. Ein ganz anderer Yanis, als der, den wir kennen, spielt nun die Bouzouki. In diesem Moment hat er nichts mehr zu tun mit dem chaotischen Griechen vom Kanapitsa-Strand, wo er ab und an Boote an Touristen vermietet und oft nichts klappt. Ein Grieche singt die Lieder seiner Heimat, tief im Herzen auf ewig verbunden mit ihr.

Spät in der Nacht, auf unserem Weg zur African Queen, sitzen überall die Menschen in den Tavernen, essen und trinken. Alte, schwarz gekleidete Frauen sitzen vor der Kirche und schwatzen miteinander, Kinder spielen, fahren Rad auf dem Vorplatz. Auf den breiten Steinstufen, die vom Kirchplatz zum Hafen führen, liegen bunte, dicke Sitzkissen. Daneben stehen kleine Beistelltische mit Windlichtern und Nüssen in Schälchen. Junge Leute lungern auf den Kissen herum, untermalt von einlullender Schmusemusik. Die meisten Mädchen sind bunt gekleidet, nabelfrei und gepierct. Voller staunender Heiterkeit durchschreiten wir dieses leuchtende Gelage und sehen schon von hier aus Kapitän Theodorakis mit seinem Assistenten auf uns warten. Mit hoch erhobener Hand winkt er uns zu.

Diesmal wird der Fahrpreis um mehr als die Hälfte reduziert. Theodorakis übergibt dem Assistenten die Verantwortung für das Schiff. Er holt einen großen Kanister mit Ouzo unter dem Sitz hervor, füllt für jede von uns einen Becher. »Prost! Auf die Gesundheit und auf Griechenland und auf Skiathos!« So fahren wir Ouzo trinkend übers Meer nach Hause, bestaunt von den übrigen Fahrgästen. Wieso bekommen die einen Ouzo und wir nicht? Als wir an der Kanapitsa-Bucht ankommen, ruft Lea: »Hey Girls, es war ein solch phantastischer Abend, lasst uns ein letztes Glas zusammen trinken.« Beim »letzten Schluck Wein« erzählt Lea, wie zu Beginn der Saison, als die Kanapitsa-Taverne fürs Jahr eingesegnet wurde, ihr Verkaufsstand gleich mitgesegnet wurde. »Sie haben mich extra angerufen, ich möchte doch sofort kommen, es sei sehr wichtig«, erzählt Lea.

WANDERUNG ÜBER DEN HÖHENWEG
VON KALAMAKI ZUR STADT SKIATHOS

Ein heftiges Gewitter am Morgen bringt Regen. Als es aufgehört hat, machen wir eine Wanderung über den Höhenweg durch die duftende Natur zur Stadt Skiathos. Alles sieht aus wie frisch gewaschen. Noch immer weht der Wind heftig. Bald reißt der Wolkenhimmel auf, strahlendes Blau erscheint. Im hoch oben gelegenen Hotel Paradies, mit seiner prächtigen Aussicht, trinken wir Kaffee. Wir sitzen nur da, in träger Zeitlosigkeit, und schauen ins Land. Wir nehmen einen uralten, ausgetretenen, steinigen Pfad durch Olivenhaine hinunter zum Strand vor der Stadt. Als der steinige Pfad aufhört und der Weg breiter wird, entdecken wir sechs neu erbaute Studios in einem herrlichen Garten mit großen Amphoren. Der Besitzer ist ein südafrikanischer, mit einer Griechin aus Skiathos verheirateter Architekt. Von Mai bis Oktober leben sie hier mit ihren Gästen. Sie zeigen uns ein Studio. Die Räume sind blau, grau, cremefarben und weiß gestaltet. Kunst, Schönheit und Funktionalität haben sich zu einer Einheit verbunden. Von der Terrasse aus hat man einen herrlichen Blick aufs Meer, den Ort und die üppig blühende Natur. So etwas Schönes habe ich zum Mieten selten gesehen. Vollendete Symbiose zwischen Himmel, Meer, Natur und Wohnen. Wir gehen weiter bis zum Strand vor der Stadt, besuchen den alten Friedhof, auf dem Lucias Ehemann Hermann begraben liegt, verweilen ein wenig bei ihm, umlaufen die Stadt mit ihren alten Häusern am Meer. Es ist Mittagszeit, alles ist still. Wir essen zu Mittag in einer der alten Tavernen am Meer. Umweht von einer herrlich frischen Brise trinken wir Kaffee auf der kleinen Halbinsel im Hafen.

Es ist später Nachmittag, als wir heimkommen. Sofort nehmen wir unsere Badeanzüge und eilen hinunter durch den Garten zum Strand. Wir schwimmen, liegen faul herum und genießen die Abendsonne. Wir sind noch da, als die ersten fein gemachten Gäste für den Abend kommen, sie fahren mit der African Queen in die Stadt.

MUSIKABEND AUF UNSERER TERRASSE

Wir stellen zum Essen auf den Tisch, was wir daheim haben. Tomaten, Brot, Schafskäse, Oliven, Retsina. Es singen: Jessy Norman, Maria Farantouri und die wunderbare Patricia Kaas. Hell leuchten die Sterne über der Bucht und manchmal singen wir mit.

Gabriella macht mit Bekannten eine Wanderung und ich gehe früh hinunter zum Strand, möchte das Meer spüren und mit mir alleine sein. Außer mir, ist nur Yanis da. Er trägt einen großen Kanister mit Trichter zu seinem Boot, füllt Benzin ein. Die Fähnchen an den vertauten Booten flattern im Wind. Ich sitze da, lausche dem Meer, betrachte die Wolken am Himmel. Möwen ziehen ihre Kreise vor weitem Blau. Immer höher hinauf. Welch ein Kleinod ist diese Bucht. Still, schön und voller Zauber. Mein anderes Leben ist so weit weg. Und doch weiß ich, dass ich das eine und das andere leben kann. Beides ist Fülle, trägt sich gegenseitig, ist verwoben miteinander. Das, was man Tun nennt, hat hier seine Bedeutung verloren. Das Tun geschieht innen in mir. So manifestiert sich neue Kraft. Um wie viel einfacher wäre doch das Leben, wenn wir auf weniger achten müssten. Die Überschaubarkeit der Dinge und geringere Ansprüche sind das Geheimnis des Glücks. Die African Queen legt zum ersten Mal an diesem Morgen an. Es ist niemand da, der einsteigen möchte. Laut hupend verlässt das Schiff wieder die Bucht. Das feine, ältere, englische Paar, mit denen ich mich vor Tagen unterhalten habe, kommt zum Strand. Sie suchen sich einen Platz weit hinten, was zeigt, dass auch sie alleine sein möchten. Vor Tagen sprachen sie mit mir über ihre Reise nach Köln. Die Frau erzählte, dass sie bei der Besichtigung des Turms vom Kölner Dom große Angst hatte hinunterzufallen. »Da waren nur noch Gitterstäbe«, sagte sie und ihr Mann antwortete lachend und mit Kopfschütteln: »Ich habe dir immer gesagt, so dünn bist du nicht, dass du da durchfallen kannst.«

Vier Engländer kommen zu Yanis. Sie haben sein Boot für heute gemietet. Er instruiert sie, lässt sie Probe fahren, gibt neue Anweisungen und lässt sie losfahren.

Eine griechisch-österreichische Hochzeitsgeschichte auf
Skiathos –Oder: Irina heiratet Yanis vor 9 Jahren

Irina

»Ich konnte auf Skiathos kein passendes Hochzeitskleid finden, musste nach Volos fahren. In Volos fand ich zunächst
auch nichts. Da entdeckte ich plötzlich in einem der Geschäfte
ein zusammengeknülltes Hochzeitskleid, achtlos in ein Regal gestopft. Als ich es sehen wollte, winkte die Verkäuferin
ab. »Das ist ein vollkommen unmodernes Kleid«, meinte sie.
»So etwas trägt kein Mensch mehr und schon gar nicht eine
Braut.« Doch dieses zusammengeknüllte Etwas war genau das,
was Irina wollte. Ein cremefarbener Traum. Das Oberteil glatt,
der lange Rock gesmokt. Der Traum musste nur noch etwas
gekürzt werden. Zwei Tage vor der Hochzeit wurde das Kleid
mit dem Schiff aus Volos angeliefert und hatte eine durch-
gehende lange Knitterfalte. Was tun? »Ich hatte noch kein
Dampfbügeleisen«, erzählt Irina. »Meine Schwester weilte
schon hier und ich bat sie, das Kleid in der Wäscherei aufbü-
geln zu lassen. Gesagt, getan. Es wurde am Hochzeitsmorgen
geliefert und war nicht mehr wieder zu erkennen: Die Wäscherei hatte das gesamte gesmokte Unterteil ausgebügelt.« Irina
zog es dennoch an und alle bewunderten sie. Wer es vorher
nicht gesehen hatte, dem fiel nichts auf. Aber jetzt folgte das
nächste Malheur. Bis auf das Essen hatte Irina alles arrangiert. Fürs Essen war Yanis zuständig gewesen. Man hatte
besprochen, auf dem Berg in der kleinen Kapelle am 1. Oktober zu heiraten und anschließend sollten die 160 Gäste in
Vromlimnos in der Taverne bewirtet werden. Um diese Zeit
ist die Taverne geschlossen, aber für diesen Hochzeitstag sollte
sie geöffnet werden. Die Tavernenbesitzer sollten die Tafel
festlich arrangieren. Das Buffet, einschließlich eines Lamms

vom Grill würde der Koch von der Kanapitsa-Taverne zubereiten. Die speziellen Platten fürs Buffet würde man vom Hotel Nostos ausleihen. Am Hochzeitsmorgen fiel Yanis ein, dass er vergessen hatte, das Essen zu bestellen. Er sagte aber Irina nichts davon, was auch gut war, denn die hatte schon wegen dem ausgebügelten Kleid geweint.

Yanis

»Es war ein wunderbarer warmer Tag mit blauem Himmel, mein Hochzeitstag, und ich war verzweifelt. Was tun CHILDEGARD? Ich raufte mir meine Haare, rief immer wieder: »Oh mein Gott, oh mein Gott!« Ich rannte zum Metzger, um ein Lamm zu kaufen, aber der hatte keines. Ich nahm mein Auto und fuhr zu einem Bauern, der gab mir ein lebendes Lamm mit. Das Tier saß hinten im Auto, legte immer wieder die Vorderfüße auf die Rückenlehnen und turnte herum. Wir beide waren sehr aufgeregt. Das Lamm sah so lieb aus, dass ich es kaum übers Herz brachte, es zum Schlachter zu bringen. Aber, Childegard, was sollte ich tun? Es war meine Hochzeit und ich war mir sicher, Irina würde mich nicht heiraten, wenn hier etwas schief ginge. Dann fuhr ich sehr schnell zum Hotel Nostos. Die gaben mir alle verfügbaren Platten. Diese leeren Platten brachte ich nach Vromolimnos. Die mussten nun zusehen, dass doch noch ein Buffet zustande kam. Es war jetzt zehn Minuten vor 17.00 Uhr. Ich sollte um 17.00 Uhr in den Bergen heiraten. Ich zog die schmutzigen Kleider aus, schüttete mir Wasser ins Gesicht und über die Haare, schlüpfte in meinen Anzug und kam noch rechtzeitig zu meiner Hochzeit. Da eine griechische Braut niemals pünktlich kommen darf, kam ich noch rechtzeitig. Wenn Irina das alles gewusst hätte, sie hätte mich bestimmt nicht geheiratet. Irgendwie hat dann doch noch alles geklappt.«

Lea

»Ich war Gast auf der Hochzeit. Irina hat wunderschön ausgesehen, wie Grace Kelly an ihrem Hochzeitstag. Und es war ein wundervoll warmer Spätnachmittag, als das Brautpaar in die geschmückte kleine Kirche einzog. Die vielen Gäste von überall her passten nicht alle hinein und ein Teil wartete draußen. Die Zeremonie war noch nicht ganz beendet, da schlug das Wetter um. Der Himmel verdunkelte sich, ein Sturm brach los, dann ein Unwetter. Alle flüchteten in ihre Autos. Endlich in Vromolimnos angekommen, wollten Braut, Bräutigam und Eltern an ihrem Brauttisch Platz nehmen – nur gab es keinen Brauttisch. So saßen schließlich alle bunt durcheinander und es war, wie alle einstimmig hinterher versicherten, eine großartige, wunderbare griechisch-österreichische Hochzeit mit viel Musik und Tanz. Und stell dir vor, sie spielten Tango. Ich kann wundervoll Tango tanzen. Leider kann Mel überhaupt nicht tanzen. Ich rief: ›Wer tanzt mit mir Tango?‹ Ein kleiner, dicker, alter Mann aus Österreich, ein Onkel der Braut, konnte Tango tanzen. So tanzten wir beide wunderbaren Tango zusammen. Er beherrschte diesen Tanz mit Bravour. Mit seinem großen Bauch schob, drehte und wirbelte er mich gekonnt herum, so dass alle Beifall klatschten. Nach dem Tanz war er feuerrot im Gesicht und als er dann zwei Ouzo gleich hintereinander trank, musste er sich auf zusammen geschobene Stühle legen und ausruhen.«

EIN ABEND

Howard holt mich zu einem Abendessen zu zweit ab. »Zieh dir etwas Warmes an«, sagte er. »Wir fahren zu einer Taverne in den Bergen, die kennst du noch nicht.« Hoch auf einem Plateau liegt die Taverne. Links kann man die Ruine vom Kloster Kastro sehen und weiter drüben die Häuser von Glossar auf der Insel Skopelos. Als die Sonne untergeht, hüllt sie Meer und Land in ein glühendes Rot. Es wird dunkel. Lichter gehen an, hell erleuchtet gleiten große Fähren übers Meer. Das letzte Flugzeug startet von Skiathos in einen leuchtenden Sternenhimmel. Während unseres Essens führen wir hoch philosophische Gespräche über das Leben. Mit Howard kann ich das immer und zu jeder Zeit. Er ist ein liebenswerter, sehr gescheiter, stets hilfsbereiter und weit gereister Mann. Howard hatte die letzten drei Wochen viele Freunde aus Südafrika zu Besuch. Sie fahren den weiten Weg von Durban und Johannesburg, um im Sommer auf Skiathos Ferien zu machen und um ihren Howard zu sehen. Howard hat es genossen, mit ihnen zusammen zu sein, aber jetzt ist er froh, dass er wieder alleine ist. Als Howard mich heimbringt, sitzen wir mit Gabriella noch lange zusammen auf der Terrasse. Unterstrichen von großer Pantomimik macht Howard uns vor, wie die hier lebenden Ausländer, besonders die Engländer, Griechisch sprechen. Er trifft genau den Ton und wir lachen sehr.

Abschied von der Insel

Es fällt nie schwer, von hier fort zu gehen, irgendwie ist es immer ein Sommerabschied, der das Wiederkommen in sich trägt. Leicht und warm, vom Wind umschmeichelt und nicht wirklich. Ich blicke durch den blühenden Sommergarten hinunter auf die Bucht. Die Blumen leuchten. Türkisfarben schillert das Meer. In sanftem Wind wiegen die Bäume ihre Kronen. Möwen lassen sich tragen, Zikaden singen ihren ewigen Sommergesang. Yanis zieht mit seinem Motorboot Kinder, die

in dicken Autoreifen sitzen, durch die Bucht. Jemand fährt
Wasserski. Die African Queen legt gerade ab, ich höre Stimmen unten vom Strand.

Sommerglanz

EIN HAUS FÜR MICH ALLEIN

Spät in der Nacht bin ich auf der Insel angekommen. Pannasos hat mich abgeholt. Schweigend hat er länger mein Gesicht betrachtet, besorgt gefragt, ob es mir gut ginge. Als er das Haus für mich aufsperrt, legt er mir die Hand auf die Schulter: »Die Insel, Childegard, die gibt dir alles, was du brauchst.«

Am ersten Morgen stehe ich im Garten und blicke hinunter zur Bucht. Das Meer glitzert in orangefarbenem Licht der spät aufgehenden Sonne. Spiegelglatt liegt es da. Niemand ist zu sehen. Still ist die ganze Insel geworden. Kühl war der Abend gestern bei meiner Ankunft. Diesmal bin ich alleine hier, in diesem großen Haus. Die Hausgäste sind fort, der Sommer fast vorbei. Eine gewisse wehmütige Schönheit liegt über dem Land. Noch immer üppig blühen Bougainvillea, Hibiskus und Oleander. Alle anderen Sommerblumen haben sich in sich zurückgezogen. Dafür blühen jetzt wieder die Chinesischen Ohrringe besonders üppig. Hoch gewachsene Sträucher mit orangefarbenen Blüten, von Bienen umschwärmt, erinnern mich an meine Zeit in Westafrika.

DIE HÜGEL VON SKIATHOS VERFÄRBEN SICH PURPURFARBEN

Später wandere ich hinauf zu einem Höhenweg, der bis in die Stadt führt. Die Hügel verfärben sich lila, Heidekraut beginnt zu blühen. Die im Frühling gelben Ginsterhänge leuchten jetzt purpurfarben. Die Bäche führen wieder Wasser. Beschaulichkeit und tiefer Frieden liegen über der Insel. Auf dem Friedhof besuche ich das Grab von Lucias verstorbenem Ehemann Hermann. Am späten Nachmittag sitze ich im Fischerhafen, betrachte das nunmehr gemächlichere Leben. Die große Hitze ist einem mäßigen Schlendrian gewichen, die Zeit ist wieder spürbar. Alte Männer haben sich die Cafés zurückerobert. Dort sitzen sie, machen »Weltpolitik« mit großen Gesten, trinken bedächtig griechischen Kaffee aus kleinen Tässchen. Im Jachthafen liegt die Jefferson, Marks Schiff. Zugeschlossen und vertäut, schaukelt sie sich wiegend zwischen anderen Schiffen.

Reflexionen

Gespräch am Telefon gestern Abend mit meinem anderen Leben, in einer anderen Stadt, in einem anderen Land. Manchmal ist die Stimme des Mannes, den ich liebe, die Stimme eines Fremden. Manchmal glaube ich ihm nicht. Eifersucht? Was fühle ich? Ich benutze meine Erfahrungen als Maßstab. Ich weiß, ich weiß und will ja gar nicht so fühlen. Was weiß mein Unterbewusstsein, dass es so reagiert? Da ist die Diskrepanz zwischen Bauchgefühl und Wissen. Manchmal bewegen wir uns auf einer Gratwanderung zwischen Zusammenleben und Auseinandergehen. Dünnes Seil, stabiles Band, alles trifft zu. Glück und Glas – wie leicht bricht beides! Ewig wahr und ewig gültig für alle Paare dieser Welt.

Andrea macht ihre Schulaufgaben am Strand

Ein anderer früher Morgen am menschenleeren Strand.
Ich höre Meer und Wind zu. Wenn ich ankomme auf der Insel, will ich immer noch so viel denken, tun, machen. Aber

die Insel lehrt mich, einfach nur im Jetzt zu leben. Da zu sein, wo ich gerade bin. Es gibt keine Notwendigkeit, etwas zu tun. Mit jeder Stunde am Strand wird mein Kopf freier und mein Herz leichter. Der Morgen ist schön, ich sollte loslassen. Ich schalte mein Handy aus, gehe so einen weiteren Schritt auf mich zu.

Am Vormittag kommen Yanis und Irina zum Strand. Ich trinke ein Tässchen griechischen Kaffee mit Yanis, ein Glas Retsina mit Irina. Andrea, ihre gemeinsame Tochter, ist in die erste Klasse gekommen. Sie sitzt am Strand, in der Nähe ihres Vaters, der jetzt im Liegestuhl döst, und macht Hausaufgaben. Plötzlich weht der Wind ihr Schulheft davon. Unter großem Geschrei aller Anwesenden wird das Heft im letzten Moment gerettet, Andrea etwas ausgeschimpft und anschließend geherzt, gedrückt, geküsst. Schon sitzt sie wieder am gleichen Platz und schreibt wie vorher in ihr Schulheft. Ihr Papa bringt ihr einen großen Stein zum Beschweren, streichelt ihr liebevoll über den Kopf und legt sich wieder in den Liegestuhl. Irina hat sich mit mir wieder dem Retsina zugewandt.

»Die Affäre vom letzten Jahr sei vorbei, hat er mir gestanden«, flüstert Irina mir zu und zeigt mit dem Kopf auf ihren Ehemann. »Aber ich sage dir, der lügt noch immer.«

Kampf der Geschlechter
oder die Unvereinbarkeit von Frau und Mann

Schwimmen, Lesen, Leerwerden. Eintauchen ins kühle Meer. Die African Queen kommt in die Bucht gefahren. Theodorakis winkt mir zu. Er beugt sich hinunter und als er wieder hochkommt, schwenkt er in der Hand eine Ouzoflasche. »Theodorakis, später«, rufe ich. Lächelnd nickt er huldvoll mit dem

Kopf. Später höre und sehe ich Irina und Yanis auf Griechisch miteinander streiten. Vordergründig geht es um ein Boot. Hintergründig geht es um etwas anderes. Kampf der Geschlechter. Immer da, immer während. Ob Griechenland, Deutschland oder sonst wo. Wie sagte die große Schauspielerin Kathrin Hepburn im letzten Interview vor ihrem Tod? »Ich wundere mich noch jetzt, dass Mann und Frau überhaupt zusammen leben können. Spencer Tracy und ich haben es 47 Jahre zusammen ausgehalten und ich muss jetzt noch feststellen, es klappte nie wirklich.«

ALTES HERZ WIRD WIEDER JUNG

Ein älteres Paar, vielleicht um die Siebzig herum, besteigt sein neben der Taverne geparktes Motorrad. Mit einem stolzen Lächeln auf dem Gesicht und vielen markanten Falten brausen sie winkend davon. Zwei junge Alte voller Abenteuerlust. Ich sehe ihnen nach, mache mir meine eigenen Gedanken zum Älterwerden. Da es der Lauf der Dinge ist und jede Zeit ihre eigene Prägung hat und alle Menschen alt werden, kann ich das Alter meist auf gute Art betrachten. Und doch gibt es Tage, da sehe ich in den Spiegel, sehe eine junge Frau, die nichts zu tun hat mit der Frau weit über fünfzig. Spiegelbild und Gefühle stimmen nicht überein. An guten Tagen weiß ich, wer sich auf die Vergänglichkeit von Schönheit und äußerer Attraktivität einlässt, kann eine neue Freiheit entdecken. An schlechten Tagen verstehe ich die Lektionen des Älterwerdens nicht. Recht hat dieses jung gebliebene alte Paar, dass es sich traut, mit diesem Motorrad zu fahren. Auch sie hatten die Wahl, alte Wertvorstellungen – mit Siebzig fährt man doch nicht mehr Motorrad, und als Frau sitzt man schon gar nicht hintendrauf – über Bord zu werfen. Sie trauen sich einfach und so verschafft ihnen das Verschieben von Prioritäten Zugang zu neuen Freiheiten für ihr Leben.

Zwei Griechen aus Amerika in ihrer alten Heimat

Herrliches Wetter lässt mich einen Ausflug um die Insel planen. An der Anlegestelle warte ich vergebens auf die African Queen, die mich zum Hafen bringen soll. Als sie nicht kommt, sehe ich mir den Fahrplan genauer an. Theodorakis hat wohl noch in der Nacht die Abfahrtzeiten geändert. Was soll's. Ich ändere meinen Plan und fahre nach Vromolimnos. Der Strand ist bis auf wenige Gäste leer. Meist sind es ältere Engländer und Griechen, die diese kühlere, stillere Zeit genießen. Die meisten Strandliegen sind schon zusammengestellt, weit hinten, wohlgeordnet und mit einer blauen Plane bedeckt. Alles trägt einen Hauch Abschied in sich.

Zwei alte Griechen, die offenbar in Amerika leben, was ich ihrer Unterhaltung entnehmen kann, sonnen sich auf Liegen und singen zusammen ein griechisches Lied. Sie singen wunderschön, mit ihren fast gebrochenen Stimmen. Manchmal, nachdem ein Lied fertig ist, liegen sie mit geschlossenen Augen da, spüren nach und lauschen ihrer alten Heimat. Dann beginnt einer von ihnen erneut leise zu singen, der andere stimmt ein. Bis einer von ihnen auf einmal aufspringt und sich lachend und prustend ins Meer stürzt. Der andere folgt ihm. Mit kräftigen Stößen kraulen und schwimmen sie um die Wette. Sie sind wieder jung und ungestüm und sie sind in Griechenland. Als sie zurückkehren, kommen gerade ihre Frauen vom Spaziergang zurück, griechisch amerikanische Damen. In diesem Moment beginnt die Verwandlung der Männer. In wenigen Augenblicken werden sie zu Männern, die nicht mehr singen. Wenn sie schwimmen, schwimmen sie anders, wenn sie schauen, schauen sie anders. Metamorphosis – das griechische Wort für Verwandlung.

OKTOBERROSEN

Nach meinem ersten Kaffee spaziere ich am Morgen durch unseren Rosengarten voll erhabener Schönheit. Verschwenderisch üppig blühen diese herrlichen Pflanzen noch immer, rot, gelb, rosa, purpurfarben, lachsfarben, weiß. Ich fasse sie an, betrachte sie. Und während des Betrachtens kommt eine große Freude über mich. Ihre Blüten sind taubenetzt, voller silberner Perlen. Wahrhaft die Königin unter den Blumen. Ihre Schönheit gibt auch mir ein Gefühl von Schönheit und Würde als Frau. Unabhängig von Schönheitsidealen aller Zeiten und ewig wahr. Wie gerne hätte ich auch in München einen Rosengarten, überhaupt einen verwunschenen Garten. Irgendwann wird mir das Leben diesen Wunsch erfüllen.

Ich hole die großen, dicken Handschuhe und die Gartenschere, schneide mir einen üppigen Strauß ab. Am köstlichsten duften die roten Rosen. Ich arrangiere sie in einer einfachen Glasvase, die ich auf meinen Frühstückstisch stelle. Später sitze ich am Meer. Der Atem des Windes fegt über den Strand landeinwärts. Unter einem azurblauen Himmel lassen sich Möwen kreisend tragen. Das sanfte Anklatschen der Wellen am Strand ist das Einzige, was ich höre. Windige, friedvolle Schönheit. Kühle Stunden ergießen sich in einen sonnigen Tag. Ich lausche und werde mit jedem Atemzug freier, fühle Sand durch meine Hand rinnen. Ich liefere mich dem Meer aus, dem Wind. Alles um mich herum hilft mir. Meine zwanghaften Gedanken hören auf.

Ich reflektiere das wundervolle Buch, das ich von Zeit zu Zeit immer wieder lese. Ein ehrliches, nicht anklagendes Buch über Frauen, was mit ihnen passiert, wenn sie ihre eigenen Wünsche verleugnen. Und was sie sich antun, wenn sie nicht bereit sind, wichtige Entscheidungen für ihr eigenes Leben zu treffen. Wie viel Würde und Kraft geht Frauen verloren, wenn sie ihr Leben einzig an männlichen Wünschen orientieren. Ich denke an so manche überbelastete Frau, die noch immer glaubt, ihren Mann um Erlaubnis fragen zu müssen, wenn sie in sich den dringenden Wunsch verspürt, was für sich tun zu wollen, ja, zu müssen, um nicht krank zu werden.

Abend bei der alten Lucia in ihrem Haus am Meer

Wir sitzen mit offenen Türen im Wintergarten, mit Blick in ihren immer noch blühenden Garten. Jeder Winkel, jedes Eckchen, jede Amphore verkörpert ein Stück Schönheit. Ihr Anwesen wäre eine perfekte Filmkulisse. Große beleuchtete Schiffe fahren in den Hafen von Skiathos. Lucia hat wie immer phantastisch gekocht. Sie trägt ein zart rosafarbenes Twinset mit weißer Hose, dazu passende Ohrringe. Selbst als Fünfundachtzigjährige lässt sie sich niemals gehen. Was ich an ihr erspüren kann, je älter sie wird, ist ein gewisser Zorn, fast eine Aggressivität sich selbst gegenüber. Ist es die Angst, dass dies alles war? Dass sie alles zurücklassen muss? Lucia glaubt an gar nichts, obwohl sie als begeisterte Gärtnerin den Beweis der immer wieder auferstehenden Natur täglich vor Augen hat. Ich glaube an das Gegenteil. Wenn wir darüber reden, und das tun wir oft, schüttelt sie stets über meine Ansicht den Kopf. »Du spinnst ja«, sagt sie jedes Mal im Brustton der Überzeugung, »so ein Quatsch, da ist NICHTS!«

Lucia freut sich über jedes mitgebrachte Buch, liest alles und liebt es, darüber zu diskutieren. So sind unsere gemeinsamen Abende stets angefüllt mit interessanten Gesprächen, obwohl wir in vielen Dingen völlig konträre Ansichten haben.

VORLETZTER TAG

Frühes Erwachen, lesen im Bett, sehen und fühlen, wie der Tag kommt. Kühler, windstiller Morgen und doch erkennt man daran, wie die Sonne aus dem Meer aufsteigt, dass es warm wird. Viele Vögel sind bereits fort. Dageblieben sind Möwen, Rabenvögel und Meisen. Jetzt kommen andere Zugvögel, die hier überwintern werden. Diejenigen, die in Frühling und Sommer hier lebten, sind nach Afrika aufgebrochen, genauso wie ich das im Winter manchmal tue. Später schlendere ich durch den Rosengarten. Die Tautropfen leuchten wie Silberperlen, wenn die Sonne auf die Rosenblätter scheint.

Ich sitze auf der Terrasse, schreibe Tagebuch, blicke immer wieder über die Bucht, reflektiere mein Leben. Alles, was nicht in Ordnung ist in meinem Leben, hat mit mir selber zu tun. Im Grunde immer mit der Verleugnung meiner eigenen Kraft. Wir alle können so viel mehr, als wir denken. So viel mehr haben wir an Talenten und Möglichkeiten in uns. Als junger Mensch bin ich mehrfach in Sackgassen geraten, weil ich mich von Erwartungen und Wünschen anderer dort hatte hineintreiben lassen. Hier auf der Insel wird mir klar, dass ich wieder einmal, trotz aller Erkenntnis, in den letzten Monaten nicht nah genug bei mir gewesen bin. Niemand hat Schuld, schon gar nicht mein Partner.

Leer, still und schön ist es. Das Meer ist kühl geworden. Es kostet mich etwas Überwindung, schwimmen zu gehen. Ich lege mich auf den Rücken, breite meine Arme aus und lasse mich tragen, blicke in den Himmel und spüre wieder ganz das Glück meiner Freiheit. Jedenfalls ist bei mir Glück mit dem Gefühl der Freiheit untrennbar verbunden. Ich weiß, dass sich nur im Prozess der Absage an Anpassungen und Zwänge meine unerschöpflichen Kraftquellen erschließen. Hier im Meer erfahre ich viel über mich und meine Möglichkeiten. Ich erkenne plötzlich: Was lange Zeit wichtig gewesen zu sein scheint, verliert nun seine Bedeutung, als wäre es durch einen Filter gefallen. Es ist schön mit mir hier auf meiner Insel zu sein. Es ist niemals Flucht vom Alltag, es ist ein stiller Prozess, der sich jedes Mal vollzieht. Die Insel ist meine wortlose Therapie. Ich sehe mein Zuhause wieder in einem anderen Licht, schätze es, bin froh über das, was ist und sein kann.

Gegen Mittag kommen Lea und Mel zum Strand. Seit sechs Monaten sind sie auf Skiathos. Nun freuen sie sich auf England, die Familie und später dann auf die Schweiz, wo sie den Winter über wieder ihre Pension führen werden. Mel geht auf sein Boot, um es zu reinigen und winterfest zu machen. Lea setzt sich zu mir. Sie hat heute einen schweren Tag und weint leise: »Es ist das erste Mal in meinem Leben, dass ich nach England heim fahre und mein Vater nicht mehr da ist.« Ich nehme Lea in den Arm, tröste sie wortlos. Sie lehnt sich an mich, wir blicken aufs Meer. Es braucht keine Worte, oft haben Lea und ich über Verlust, Tod und Auferstehung gesprochen. Lea wischt sich die Tränen ab, sieht mich mit einem Lächeln an, küsst mich auf die Wange. Wir umarmen einander.

Mit elegantem Schwung kommt Howard mit seinem Boot

in die Kanapitsa-Bucht gefahren. An Bord hat er seinen quer-
schnittsgelähmten Freund Peter samt Betreuerin. Trotz seiner
Hilflosigkeit hat Peter keine Angst, auf Howards Boot mitzu-
fahren. Noch vor vier Jahren war Peter in London ein erfolg-
reicher, international arbeitender Anwalt in den besten Jahren,
dann geschah der Unfall. Mit knapp sechsundfünfzig Jahren
wurde der Staranwalt zum Krüppel.

Die Kellner der Taverne bringen Peters Spezialrollstuhl zum
Strand. Sie heben Peter aus dem Boot, tragen ihn zu seinem
Rollstuhl. Beim Mittagessen in der Taverne mit einigen Leuten
hält Peter Hof. Er lacht viel, spricht mit großen Gesten. Peter
ist noch immer ein Mann, auf dessen Wort man hört. Er hat
sein Schicksal angenommen, hadert nicht. Er kommt jedes Jahr
in sein Haus auf Skiathos und er lädt viele Gäste ein. Seine
dritte Ehefrau hat ihn nach dem Unfall verlassen.

ABEND

Ich verbringe den letzten Abend bei Howard. Die uralte Hun-
dedame Pocky wedelt mit dem Schwanz, als sie mich erkennt,
leckt mich kurz ab und verschwindet auf ihren Lieblingsplatz
vorm Kamin. Wir sitzen in Howards Garten auf der anderen
Seite der Bucht. Howard hat Snacks im Ofen vorbereitet, es
gibt guten Wein für mich, für Howard wie immer nur Wasser.
Die Nacht ist mild. Am Himmel stehen unzählige Sterne, der
Wind weht sanft aus Süden, wir unterhalten uns über das
Leben und das Älterwerden. »Alt ist, wer nicht mehr träumt,
nicht mehr hofft, nicht mehr aufmerksam ist, keine Ziele mehr
hat«, sagt Howard. »Es hat nichts mit dem biologischen Alter
zu tun.« Howard und ich sehen uns an, ich beuge mich zu
ihm hinüber, umarme ihn und drücke ihm einen Kuss auf die

Wange. Howard lacht. In diesem Moment fühle ich eine große Freude in mir und ich freue mich sehr, morgen heimfahren zu können, in mein anderes Leben nach München, wo ich erwartet werde.

Inselzauber – Zauberinsel

Frühsommer 2004

Eine sanfte Brise weht, als wir aussteigen. Es ist wunderbar warm. Der Flughafendirektor Tassos steht unten an der Gangway und begrüßt die Ankommenden. Als ich an ihm vorbeikomme, küsst er mich erfreut auf beide Wangen. »Wie geht's der Familie, deinem Mann, warum ist er wieder nicht mitgekommen …?« Gabriella begrüßt er mit Handschlag und Kopfnicken. »Wann kommt ihr mich endlich in meinem Haus besuchen«, ruft er.

Pannasos erwartet Gabriella und mich bei der Gepäckausgabe. Wir sind hungrig. Pannasos schlägt vor, gleich nach Vromolimnos in die Strandtaverne zu fahren. Und so machen wir es. Es ist still in der Taverne, ein paar Engländer sitzen herum, zwei Griechen und wir. Michaelis, der freundliche albanische Kellner, der vier Jahre irgendwie abhanden gekommen war, ist wieder da. »Michaelis, wo warst du so lange?«, frage ich ihn. Er lächelt übers ganze Gesicht, zuckt mit den Schultern und bringt uns einen gefüllten Krug Wein »vom Haus«. Wir sitzen vor einem herrlichen Sonnenuntergang am Meer, essen gegrillte Sardinen, trinken Retsina, begrüßt und willkommen geheißen von allen, die uns kennen. Schauen, sich gut fühlen, sich einlassen auf die überwältigende Schönheit dieser Bucht. Der Blick geht über die weiten Hügel und Täler meiner geliebten, um diese Jahreszeit noch stillen Insel. Irgendwann schaut Pannasos mir prüfend ins Gesicht. »Alles wieder in Ordnung, Childegard?«, fragt er.

»Ja«, antworte ich, »alles wieder in Ordnung.«

Pannasos nickt. Damit ist für einen Mann alles erklärt und geklärt.

Gabriella hält ihr Gesicht ins letzte verglühende Rot und lächelt mit geschlossenen Augen. »Kann's jemandem besser gehen als uns?«, fragt sie.

Pannasos sagt: »Wenn ich ein paar Tage von meiner Insel weg bin, habe ich Heimweh, mehr Heimweh als nach Alexandra.«

Wenn der Weinkrug leer ist, bringt Michaelis neuen Wein. Pannasos trinkt eine Menge, so kenne ich ihn gar nicht. »Ich bin heute in Trinklaune«, sagt Pannasos, »und ich will nicht heim.« Wir aber wollen ankommen, auspacken, im Haus unsere Räume einnehmen.

NIKOS TOCHTER IST GEBOREN, EINE WINZIGE GRIECHISCHE SCHÖNHEIT

Am ersten Morgen öffne ich weit meine Zimmertüre. Verheißungsvoll liegt der Morgen da. Die Hitze des Tages ist schon spürbar. Ein sanfter Wind weht in die Stille des beginnenden Tages. Mit einer Tasse Kaffee setze ich mich in den Rosengarten. Die Rosen blühen in üppiger Pracht, korallenrot, lachsfarben, rosa, zartgelb, weiß. Ich rieche ihren Duft, blicke über die sich sanft im Wind wiegenden Palmen hinunter zum Meer. Türkisfarben leuchtet das Wasser. Tiefe Freude erfüllt mich. Die Natur beschenkt mich reich. Ich höre ein lautes Hupen. Es ist die African Queen auf ihrer ersten Fahrt in die Kanapitsa-Bucht.

Ich gehe ums Haus herum, betrachte alles, schneide Rosen, arrangiere sie in Vasen und verteile sie im Haus. Einen üppigen Rosenstrauß stelle ich in mein Zimmer, einen Strauß auf ein kleines Tischchen im Flur, so dass jeder, der das Haus betritt, seine prächtige Schönheit sehen kann. Einen weiteren Strauß stelle ich in den großen Salon. Einen Strauß vor Gabriellas

Türe. Später schlendere ich hinunter zum Strand. Ich nehme den Weg außen über die Bucht, nicht den kurzen Weg über die Treppen durch den Garten. Um mich herum flattern Schmetterlinge, zartgelb, dottergelb, braun gepunktet, himmelblau. Klatschmohn und Ginster säumen die Hänge. Hortensien leuchten an allen Ecken, violett, cremefarben, zartrosa. Die gewaltigen Pinien verströmen einen betörenden Duft. Vögel singen, als gäbe es einen Preis zu gewinnen. Wenn ich daheim in München bin und an Skiathos denke, sehe ich stets diesen Weg vor mir. Es ist, als wäre er »ein Stück von mir«, wie Feuchtwanger so treffend schrieb.

Noch bin ich allein am Strand. Vom feinen, fast weißen Sand leckt sich das Meer wie mit silbernen Zungen etwas weg. Ich schließe die Augen, höre den sanften Wellen zu, die sich über die kleinen Kieselsteine hinweg ihren Weg bahnen. Dieses leise Plätschern ist wie eine Heiltherapie. Ganz in der Nähe vom Strand blühen rosafarbene, winzige Nelken. Nikos, ein etwa dreißigjähriger Grieche, der seit kurzem das Geld für die Liegestühle kassiert, erzählt stolz, dass er Vater einer Tochter geworden ist. Er sieht aus wie ein Bodybuilder, übergroß und sehr kräftig. Meist blickt er mit ernstem Gesicht in die Welt. Seine Haare hat er kurz geschoren. Wenn er spricht, lacht, erzählt, ist er ein ganz anderer. Sanft, humorvoll, liebevoll, hilfsbereit. Als ich für den Liegestuhl zahlen möchte, zieht er verächtlich die Spucke durch die Zähne. »Childegard, zahlst du nächstes Mal.«

Herrliche Stunden am Strand. Lea ist gekommen und baut ihren Stand mit Schmuck und Sarongs auf. »Der Winter in England war lang und düster«, sagt sie. «Irgendwie hat mich der Tod meines Vaters doch so mitgenommen, dass ich Zeit brauchte. Wir sind diesmal nicht in die Schweiz gefahren.«

Gegen Mittag bringt Nikos mir seine kleine Tochter, lässt

sie bei mir krabbeln. Aufmerksam, stolz, mit dem typisch griechisch huldvollen Kopfnicken bewundert er diese kleine Schönheit, die in seinen großen Händen wirkt wie ein zarter Schmetterling. Dann ist es genug. Nikos gibt seine Tochter wieder ab, bei denen, die sich kümmern. Ehefrau, Tante, alte Mutter. So ist das wohl nicht nur bei den griechischen Männern.

Bei Helena im Supermarkt – noch herrscht Ordnung in den Regalen

Einkauf bei Helena im kleinen Supermarkt. »Willkommen, willkommen«, ruft sie, umarmt dabei Gabriella und mich herzlich. Ihr Geschäft wird von Jahr zu Jahr voller. Noch herrscht Ordnung in den Regalen, die Saison hat grade erst begonnen. Der Laden wird von nun an von Woche zu Woche unordentlicher werden, aber das stört niemanden. Helena weiß stets, wo alles zu finden ist, sie verliert nie den Überblick. Den Überblick über ihr Leben dagegen scheint sie, seit Pannasos sie verließ, verloren zu haben. Nun füttert sie sich und die gemeinsame Tochter Nana mit Süßigkeiten, Trost für die Zurückweisung. Helena wird jedes Jahr dicker. Sie ist eine tüchtige, liebenswerte Person und sie war einmal hübsch. Ich sehe sie noch vor mir, als schöne Braut, als junge Mutter bei der Taufe von Nana. Unter all dem Fett, das aus tausend Verletzungen besteht, ist die schöne Helena für mich zu erkennen. Ich bin sicher, eines Tages wird sie wieder zu der, die sie sein kann. Manchmal brauchen wir Frauen eben länger, bis wir uns finden. Ich mag sie gerne. Unsere Umarmungen sind aufrichtig.

Am späten Nachmittag nehme ich teil an der Umbettungszeremonie für den vor vier Jahren verstorbenen siebenundachtzigjährigen Hermann. Mangels Platz, müssen die Gräber auf der Insel nach wenigen Jahren geräumt werden. Es gibt die Möglichkeit eines Gemeinschaftsgrabes, oder aber die Familie lässt die Gebeine des Verstorbenen in einem kleinen Sarg an einen privaten Ort überführen. Einäscherungen gibt es nicht auf Skiathos. Lucia hat sich entschieden, ihn im Garten ihres Anwesens zur letzten Ruhe zu betten. Ich trage einen goldfarbenen, seidenen Hosenanzug, schneide einen Strauß Rosen und gehe hinüber zu ihrem herrlichen Anwesen. Über dreißig Leute sind eingeladen, meist ältere Menschen. Die meisten von ihnen leben ganzjährig auf der Insel. Im Obst- und Gemüsegarten, der sanft zum Meer abfällt, hat Lucia ein kleines Mausoleum im griechischen Stil bauen lassen. In einer Glasvitrine stehen verschiedene Bilder von Hermann. Bilder vom jungen und vom alten Hermann. Hermann mit seiner Frau Lucia, Hermann mit seinen Kindern, Hermann mit seinen Enkeln. Lucia, im schwarzen Seidenkleid, mit exklusivem Schmuck, steht aufrecht da in stolzer Trauer. Ihre Lippen sind rot geschminkt, ihre Augen dezent mit Lidschatten betont. Ein uralter Freund von Hermann hat den Arm um sie gelegt. Jemand liest einen Vers aus der Bibel vor. Auf der großen Terrasse beim Haus weiter oben sitzt Herr Reinsheimer mit seinem Cello und spielt ein Stück von Bach. Das muslimische Ehepaar aus Albanien, das Lucia viele Jahre bei der Pflege von Hermann geholfen hat, steht abseits und beobachtet das Geschehen. Der alte Freund, der den Arm um Lucia gelegt hat, tritt vor und hält eine Rede: »Hier liegst du nun also, lieber Hermann, mitten in deinem Garten, den du über alles geliebt hast. Hier warst du froh und glücklich mit Lucia. Hier hast du deine Kinder um dich gehabt und später deine Enkel.« Während er spricht, beginnt Lucia leise zu weinen. Der Freund hält ein Weilchen inne und fährt dann fort: »Du, lieber Hermann, warst kein leichter Mensch. Du warst immer ein Schöngeist und wehe man störte deine Kreise, da konntest du ungehalten sein. Aber du warst immer ein treuer Freund. Du hast dich nie wie andere gekleidet. Deine Kleidung war immer etwas Besonderes. Wenn du in den Raum getreten bist, dann war da eine große Präsenz, niemand konnte an dir vorbei. Vor über vierzig Jahren hast du mir von dieser Insel erzählt, dann irgendwann sind wir mitgefahren und haben uns auch in diese Insel verliebt. Vor Äonen von Jahren, eines Abends, hier, in diesem damals noch kleinen Haus, habt ihr ein Fest gegeben. Griechen haben aufgespielt und dann, auf einmal bist du aufgesprungen und hast mit den griechischen Männern getanzt. Da warst du Alexis Sorbas, da warst du Grieche, mit deiner ganzen Seele und all deinen Empfindungen. Da habe auch ich verstanden. Und irgendwann haben auch wir uns hier ein Haus gebaut.«

Herr Reinsheimer spielt zum Abschluss ein Stück von Mozart. Lucia dankt allen Gästen fürs Kommen und lädt zu einem Umtrunk ein. Später sitzen alle Gäste fröhlich durcheinander schwatzend im üppigen Blumengarten mit Blick aufs Meer, trinken Wein und essen köstliche Häppchen.

DIE NEU RENOVIERTE KANAPITSA-TAVERNE MACHT SICH BEREIT FÜR DIE SOMMERGÄSTE

Gabriella und ich joggen am Morgen fast eine Stunde lang rund um die Kalamaki-Halbinsel. Die Hänge sind gesäumt von blühenden Ginstersträuchern, Lavendel, Salbei und riesigen

Mohnblüten. Im Meer entdecken wir eine Delphinfamilie. Sie spielen miteinander. Bei Helena kaufen wir frisches Brot und ein paar Strandlatschen für mich. Unser Geld haben wir vergessen. »Zahlt später«, meint Helena und fragt: »Wollt ihr Eier vom Bauern?« Ja, wir wollen. Nur besondere Inselgäste werden dies gefragt, denn es gibt nicht viele biologische Eier. Bevor wir gehen, überreicht uns Helena ein Glas Honig. »Geschenk von meines Vaters Haus«, meint sie und unterstreicht die Geste eindrucksvoll, indem sie die rechte Hand auf ihre großen Brüste legt und dabei huldvoll nickt. Wieder daheim frühstücke ich auf der noch im Schatten liegenden Terrasse mit Blick zur Bucht. Gabriella frühstückt mitten in der heißen Sonne auf der vorderen kleinen Terrasse.

Auf meinem Weg zum Strand besuche ich Lucias Garten. Lucia ist nicht da. Ihre Katzen liegen träge auf den heißen Steinen vor den üppig blühenden Hortensienbüschen. Sie heben den Kopf, als sie mich bemerken, blinzeln, miauen, recken sich und kommen zu mir. Ich streichle sie ein wenig, danach legen sie sich wieder hin. Ich besuche Hermanns Grabstätte, rede ein Weilchen mit ihm. Am Strand macht sich die Kanapitsa-Taverne bereit für die Sommergäste. Es gibt neue Toiletten mit Waschtischen aus Marmor. Keine der Toilettentüren kann zugesperrt werden, das ist auch nicht vorgesehen. Alles wie gehabt, in liebenswürdiger Unvollkommenheit. Irina ist am Strand, schöpft Wasser aus einem Kanu. Ihre schlanke Figur hat sich seit Jahren nicht verändert. Nach Umarmung und Begrüßung erzählt mir Irina, dass ihre Ehe mit Yanis wieder in Ordnung sei. »Die Männer haben es hier ganz schön schwer«, meint Irina. »Die Touristinnen machen es ihnen zu leicht.« Sie zögert eine Weile: »… griechische Männer sind im Grunde genommen treu«, sagt sie im Brustton der Überzeugung. Oh Irina, denke ich, welche Blauäugigkeit, wenn nicht sie, wer dann? Diese glutäugigen, singenden, tanzenden Draufgänger. Aber man glaubt, was man glauben will. Jeder hat seine eigene Wahrheit. Von Irina höre ich, dass das Haus der Engländer, Mark, Laura, Ray, Martha und Ben, bald fertig sein wird.

Irina und ich sind gerade beim Mittagessen in der Taverne, da kommt die Jefferson, das große, alte Segelschiff von Mark, übers Meer direkt auf die Kanapitsa-Bucht zugesegelt. Das Schiff ankert weiter draußen. Zwei Männer kommen mit einem Beiboot in die Taverne gefahren. Es sind Yanis und Mark. Mark umarmt und begrüßt mich mit den Worten: »Hildegard, wie gut es ist, dich zu sehen.« Mark ist ein besonderer Mann mit einem ganz eigenwilligen Charme. Hinter uns an einem großen Tisch sitzen drei griechische Männer. Es sind Handwerker, die auf den Bauherrn Mark warten. Yanis hat alles arrangiert. Die Griechen bestehen mit liebenswürdiger Bestimmtheit darauf, dass Mark am Kopfende Platz nimmt. So ist gleich die Rangordnung klargestellt. Chef ist Chef.

Die wundersame Verwandlung der Frau Mitakis

Frau Mitakis hat einst als junge Witwe unter schwersten Bedingungen ihre beiden Söhne groß ziehen müssen. In den zurückliegenden Jahren saß sie Sommer für Sommer schwarz gekleidet, ziemlich dick und ein wenig schmuddelig an einem schattigen Plätzchen unter Bäumen in der Nähe vom Strand und nähte. Die Haare hatte sie zu einem unförmigen Dutt hochgedreht. Einen Büstenhalter trug sie nie. Nie ging sie schwimmen. Ihr Alter war nicht zu schätzen. Sie hätte vierzig, fünfzig oder älter sein können. Ab und an, auf großen, breiten Füßen stehend, kehrte sie energisch, mit vorwurfsvoller Strenge im Gesicht den Strand, klaubte Unrat auf, schaffte Ordnung. Dabei summte sie manchmal ganz leise wehmütige Lieder. Und doch, wenn wir uns jeden Sommer unter Zuhilfenahme von großen Gesten miteinander unterhielten, ging ein Strahlen über ihr Gesicht, vor allem wenn sie nach meinem Neffen Alexander fragte. Sie liebt dieses blauäugige, blonde Wesen, seit sie ihn als Baby in ihren Armen hielt, und ist noch immer entzückt, wenn sie diesen nunmehr schlaksigen Teenager jeden Sommer sieht.

Die stetige Verwandlung der Frau Mitakis begann mit der Übernahme der Taverne vor zwei Jahren durch ihren Sohn, dem sie fleißig zur Hand geht. Irgendwann, an einem frühen Abend, nachdem der Strand sich geleert hatte, stand sie mit der Köchin der Taverne am Meer und hielt ihre Füße ins Wasser. Das wiederholte sich nun jeden Abend. Wochen später trug sie einen Badeanzug. Alt, dunkel, sehr elastisch, sicher nicht der ihre. Und dann, irgendwann, planschte Frau Mitakis, selbst überrascht von sich, prustend, freudig erregt und um sich schlagend in neu entdeckter Freiheit im Meer. Dieses Jahr trägt sie eine schicke Kurzhaarfrisur, hat wunderbare, füllige Haare. Wo waren die all die Jahre? Sie trägt noch immer dunkel, aber dunkelblau und so ein ganz kleines Muster im Stoff, mit einer Andeutung von Farbe. Als wir uns freundlich begrüßen für diesen Sommer, spricht sie zärtlich den Namen von Alexander aus. Sie lacht dabei, sieht glücklich aus. Sie wird wieder gebraucht, sie ist wieder wer und sie hat einen Sohn, der Tavernenbesitzer ist. All das gibt ihr Selbstvertrauen und Mut zur Verwandlung.

ANDRE – ENGLISCHER MALER, GELEHRTER,
GENTLEMEN UND DER RETSINA

Am späten Nachmittag sitzen Lea und ich im angenehmen Schatten unter den wehenden Sarongs und unterhalten uns über dieses bunte Leben. Das Meer zeigt sich türkisblau, die

Möwen lassen sich vom Wind nach oben tragen. In der Taverne laufen griechische Schmusesongs. Die Kellner tragen dunkle Sonnenbrillen und singen mit. Am Horizont gleitet ein großes Schiff dem Hafen entgegen, vorbei an den herrlich grünen Hügeln der Insel Skiathos. Andre gesellt sich zu uns. Andre, der nunmehr über achtzigjährige, stets alkoholisierte, verwitwete Maler hat im Laufe der Jahre alle Infektionen überstanden, als wäre er unbesiegbar. Diesmal ist seine linke Backe angeschwollen, was ihm absolut nichts ausmacht. Andre lebt nach einem bestimmten Tagesrhythmus. Früh aufstehen, in seinem Atelier einen Morning-Tea trinken, mit Blick aufs Meer. Dabei schläft er im Sitzen wieder ein. Etwas später besucht er mit seinem Auto mehrere kleine Tavernen. Seine Morgentour endet mit einem Fläschchen Retsina in der Kanapitsa-Taverne. Schwungvoll, beschützt von tausend Schutzengeln, fährt er danach zu seinem Haus hoch oben auf dem Hügel. Auf seinem Grundstück neben seiner Villa steht ein bezauberndes kleines Häuschen. Dort lebt jetzt ein junger italienischer Maler mit seiner argentinischen Geliebten. Die beiden pflegen die Villa, sorgen für Andre und dürfen umsonst wohnen. Sie leisten gute Arbeit, die Villa steht prächtig da. Ab und zu streitet das Paar laut, so dass Andre dazwischen gehen muss. Bei der Versöhnung trinken alle zusammen eine Flasche Retsina. Andre isst mittags ein kleines Sandwich, dann legt er sich zum Schlafen hin. Seine Tour setzt er am Nachmittag in der Kanapitsa-Taverne fort. Selbst in angetrunkenem Zustand ist Andre ein Gentleman, bewahrt stets Haltung. Seine Wortwahl ist fein und galant. »OOOO my dearest Hildegard«, lallt er ein wenig, »you, you, you, you look great, where have you bbbbeen so long? I did not sssssee you such a long time. May I iiiiinvite you and Lea for a dddrink?«

Mit der African Queen fahre ich in den Hafen, um Alexandra zu treffen. Wir essen zu Abend in einer Taverne unter Bäumen, inmitten der alten Gassen. Um die Tische sitzen viele Katzen und warten, ob sie nicht doch etwas abbekommen. Ein Grieche nimmt ein Stück Fleisch von seinem Teller und wirft es den Katzen hin. Ehe er sich versieht ist eine der anderen Katzen auf den Tisch gesprungen und stibitzt sein Fleisch vom Teller. Der Grieche erschrickt erst, dann lacht er, so wie Alexis Sorbas gelacht haben muss, als seine Seilbahn zusammenkrachte.

Alexandras Kinderwunsch ist immer noch aktuell, trotz mehrfach fehlgeschlagener Versuche. Da ist einerseits die gebildete Frau, Direktorin einer Schule, andererseits ist dort die Frau, die nichts anderes als eine griechische Mama sein will. Als würde sie glauben, nur dann eine richtige Frau zu sein. Alexandra trennt ihre philosophische Lektüre und ihre Erkenntnisse von der des griechischen Mutterbildes. Genauso wie ich es einmal in Afrika erlebte, als die Lehrerin Adschoa, die in ihrer Ehe kinderlos blieb, sich nicht mehr akzeptieren konnte. Adschoa fühlte sich schuldig, weil die Gesellschaft sie schuldig sprach. Adschoa litt gewaltig, als ihr Ehemann sich eine Zweitfrau nahm, und Alexandra leidet auch. Pannasos lässt als griechischer Mann immer wieder durchblicken: An mir liegt es nicht, denn schließlich hab ich ja schon ein Kind mit Helena.

Nach dem Essen schlendern Alexandra und ich herum, sehen den Schiffen zu, begrüßen hier und da Leute. Alle sind sich einig, so leer war's um diese Zeit nie. Leer die Tavernen, leer die Stühle. Wo sind die Menschen? »Das hat mit der Olympiade zu tun«, vermutet Alexandra. Ich denke: Mir kann's nur recht sein. Ich liebe es, wenn es still ist.

Anna ist zu uns auf die Insel gekommen. Ihre Reise von Hannover aus war abenteuerlich. Sie musste zunächst nach Athen fliegen, dann war ihr Anschlussflug nach Skiathos weg. Sie musste zum Busbahnhof in Athen, dann mit dem Bus von dort aus zwei Stunden lang über staubige Straßen zum Hafen nach Agios Konstantinos, dann weiter mit der Flying Dolphin nach Skiathos. Dazwischen hatte sie endlose Wartezeiten zu überstehen. Sie war vierzehn Stunden unterwegs, und das nach einer anstrengenden Nacht, in der sie als verantwortliche Chirurgin eine längere Notoperation durchführen musste.

Anna ist eine sechsundvierzigjährige, hochgewachsene Westfälin mit einem überaus trockenen Humor und einer sehr tiefen Stimme. Aufgewachsen auf einem Bauernhof und mit drei Brüdern, zwei wurden Tierärzte und einer Landwirt, geht sie stets zupackend durchs Leben. Anna hat einen Lebenspartner, der nicht in der gleichen Stadt wie sie lebt. »Gott sei Dank«, sagt sie, »bei meinem Dienstplan gäbe das nur Ärger und ich würde mich unter Druck fühlen.«

Es ist schön für uns, Anna hier zu haben. Ihr Dienstplan und die Entfernung bewirken, dass wir uns leider nicht oft sehen können. Wir lernten uns vor über fünfundzwanzig Jahren in Togo, Westafrika, über meine Schwester kennen. Anna arbeitete damals als Ärztin im Praktikum bei Dr. Jakobi im Hospital Bethesta, am Berg Agou. Anna kehrte Jahre später als angehende Chirurgin noch einmal zu Dr. Jakobi nach Afrika zurück. In seinem Buch »Erinnerungen einer Arztfamilie« schreibt er von ihr, dass sie eine der Frauen ist, die in der Chirurgie ihren Weg gehen werden. Er hatte Recht. Annas Besuch ist für mich auch verbunden mit meiner Zeit in Afrika. Ich werde diese Zeit niemals vergessen. Sie ist, genauso wie diese Insel, ganz tief in mir. Dort in Togo fühlte ich mich zum ersten Mal ganz wirklich. Dort war ich zum ersten Mal in meinem Leben bei mir angekommen. Ich erlebte urwüchsiges Schwarzafrika mit seinen Rhythmen und Tänzen, mit seiner ganzen Faszination. Landschaften voller Zauber. Majestätisch leuchtende Sternenhimmel. Erlebte die Häuptlinge in ihren prächtigen Festtagsroben, mit ihren Ansprachen und ihrer imponierenden Autorität. Ich lernte weise Frauen kennen, die Fetischeure und bunten Märkte. Ich konnte Anteil nehmen an der Tätigkeit meiner Schwester draußen im Busch, mit allen Schwierigkeiten und Nöten der Afrikaner. Ich lernte viele verschiedene, überaus interessante Menschen kennen. Ich bin immer noch gebannt vom Zauber Afrikas und die Tage dort sind lebendig in mir. Es war eine überaus fruchtbare, mich zutiefst prägende Zeit. Niemals wird Afrika mich loslassen.

LEICHTIGKEIT DES SEINS BEDEUTET:

Am frühen Morgen eine Tasse Kaffee trinken, vorne beim Eingang auf der kleinen Terrasse, wo es jetzt noch schattig ist. Das offene Meer und die Möwen begrüßen. Über die heißen Steine durch den Garten gehen, vorbei an üppigem Grün, zur mächtigen Pinie. Ich kannte sie als kleine Pinie. Jetzt ist sie zu einem erhabenen Zauberbaum herangewachsen. Seltsamerweise sitzen weder Möwen noch Raben in ihren Ästen. Kleinere Vögel sind es, die in ihrem dichten, duftenden Geäst wohnen, und sicherlich auch Feen. Gestern las ich bei dem großen Lawrence Durell Folgendes: »Eine Reise ist immer auch außen und innen. Reisende betrachten andere Länder und Sitten und wenn sie das wahrhaftig tun, dann sehen sie mit ihrer Seele.«

Je länger ich hier bin, je mehr tauche ich ein in diesen griechischen Sommer. Hier öffnen sich innere Schlösser ohne mein Zutun. Ich vergesse alles, was Hetze und Unruhe ist. Glücksgefühle tauchen aus der Tiefe meiner Seele auf. Ich schaue, nehme auf und bin froh.

Über dem beginnenden Sommer liegen Ruhe, Frieden, Sonne, Schönheit und stilles Gelingen auf eigene Weise. Irgendwann taucht Anna auf. Sie ist begeistert, dass sie nun auf Skiathos ist, die Umstellung vom Nachtdienst zum Tagesdienst macht ihr zu schaffen. Sie muss zu sich finden. Sie genießt es, dass kein Piepser geht, dass sie schön wohnt, dass sie alleine sein kann, wenn sie möchte.

AUSFLUG UM DIE INSEL

Mit der African Queen fahren Gabriella, Anna und ich zum Hafen, dann steigen wir um auf eine Art Fischkutter. Bei der Abfahrt sind wir nur neun Passagiere und zwei Mann Besatzung. Ganz plötzlich ist das Meer sehr aufgewühlt, wir können weder in Lalaria, noch in Kastro anlegen. Deshalb legen wir an irgendeinem unbekannten Strand auf der anderen Seite der Insel an. Wir machen eine kleine Wanderung durch eine üppig blühende Landschaft. Durchqueren ein leeres Bachbett, um auf die andere Seite in einen kleinen Wald voller Farne zu kommen. Als wir nach fast zwei Stunden unsere Reise mit dem Kutter nach Mandraki-Beach zum ausgedehnten Schwimmen und Mittagessen fortsetzen, ist das Meer ruhig und smaragdgrün.

Am Spätnachmittag kommen wir zurück in den Hafen. Dort, auf der kleinen Halbinsel, gibt es ein Café unter großen Platanen. Von dort aus kann man bis zur Halbinsel Kalamaki blicken, wo unser Haus steht, und beobachten, wie die großen Schiffe laut hupend in den Hafen einlaufen. Es ist schön, hier zu sitzen, zu schauen, einen Eiscafé zu trinken. Die Zeit existiert nicht, wir sind still. Anna sagt, dass sie nun wirklich nach und nach ankommt. Der Wind weht sanft über uns hinweg, streichelt unsere Haut. Wir erzählen Anna von unserem Freund Howard und bedauern sehr, dass sie ihn nicht kennen lernen kann. Howard musste kurzfristig für einige Zeit in seine alte Heimat Südafrika fliegen. Als er mich von dort aus anrief, klang er sehr bedrückt. »Du kannst dir nicht vorstellen, wie meine ehemalige Heimat kaputt geht«, sagte er. »Die Weißen wohnen feudal mit Sicherheitsanlagen und die Schwarzen sind noch immer arm. Es ist unvorstellbar, wie schrecklich arm die Mehrheit der schwarzen Bevölkerung lebt. Das Schlimme ist, dass seit der Unabhängigkeit und seit auch Schwarzafrikaner das Sagen haben, diese sich noch mehr bereichern, als die weiße Regierung zuvor. Sie geben dem Volk gar nichts.«

Am Abend fahren wir mit Pannasos nach Vromolimnos, um dort in der Taverne das Fußballspiel Deutschland gegen Holland anzusehen. Es ist die Zeit der Europameisterschaft. Pannasos und Anna interessieren sich dafür, Gabriella und ich weniger. Wir sitzen vor der Taverne am Strand, hören den sanft auslaufenden Wellen zu und betrachten den Sternenhimmel. Ab und zu hören wir abwechselnd Anna und Pannasos laut fluchen.

SOMMERTAG AM MEER

Im Sonnenschein des heißen Vormittags schlendere ich den längeren Weg zum Strand hinunter. Keine Wolke zeigt sich am azurblauen Himmel, still liegt das Meer da. Mein Weg führt vorbei an uralten Olivenbäumen, diesen mächtigen, weisen Wesen. Ihre knorrigen Stämme blicken auf viele hundert Jahre Skiathos zurück. Wie Silber leuchten ihre Blätter. Die Sträucher am Wegesrand tragen verschiedenfarbige Blüten. Weiße Malven und Clematis umranken die alten Zäune. Junge Schwalben üben mit ihren Eltern das Fliegen. Mirabellen und Aprikosenbäume hängen voller reifer Früchte. Die Birnbäume tragen winzige Birnen und die Feigenbäume winzige Feigen. Wenn ich wiederkomme, Mitte August, kann ich von ihnen essen. Der Oleander leuchtet in sattem Weiß, zartem Creme, rosafarben, blutrot. Die Granatäpfelbäume beginnen verschwenderisch in leuchtend Orange zu blühen. Nur die Hibiskusblüten sind dieses Jahr spät dran und öffnen gerade erst ihre Kelche. Auf der Wiese am Meer drischt ein Bauer Heu. Wir winken einander zu. Am kleinen Hotel Plaza hat jemand Wasser verschüttet. Zwei Rotkehlchen hüpfen mit ausgebreiteten Flügeln in der Pfütze herum und trinken. Erst als ich ganz nah bin, fliegen sie fort, kommen aber gleich wieder, nachdem ich vorbei bin.

So sind wir! Jede von uns lebt den Tag, wie es ihr beliebt. Am Abend sind wir zusammen. Sonst frönt jede ihrem eigenen Sommer, ihrer Muse, ihrem Innen- und Außenleben.

An einem frühen Abend schlendern wir bis zu dem ganz hoch oben, auf einem Hügel gelegene, im maurischen Stil erbaute Hotel Nostos. Die Anlage sieht noch immer prächtig aus. Sie schmiegt sich an einen Hang bis hinunter zur kleinen und einzigen Straße in Kalamaki. In der Dunkelheit leuchtet sie prächtig. Einst war dieses Hotel ein Nobelhotel. Jetzt wohnen nicht mehr sehr viele Gäste dort. Noch gibt es Gärtner und Bedienstete für wenige Leute. Die kleine Seilbahn funktioniert wieder. Monströs und krachend kommt die leere Kabine nach über einer viertel Stunde Wartezeit angefahren. Wir trauen uns, einzusteigen. Laut scheppernd geht es nach oben. Vorbei an kleinen Bungalows aus längst vergangenen Zeiten. Farbenprächtig hängt der Oleander über die Mauern. Faszinierend die Aussicht, klamm das Gefühl. Die Insel bietet stets neue Perspektiven. Kurz vorm Ausstieg hält die Bahn an, braucht dann noch einige Zeit, bis sie zu einer Türe weiterfährt, wo wir aussteigen können. Nichts ist gesichert. Vom Haupthaus des Hotels aus hat man einen prächtigen Rundblick ins blühende Land. Weit übers Meer können wir schauen, das Festland bei Volos ist zu sehen. Noch lässt das Innere des Hotels etwas von seiner einst prächtigen Schönheit ahnen. Wie viele Geschichten entstanden hier, wie viele Stunden verbrachten Menschen hier? Wie viel Liebe gab es und wie viele Zerwürfnisse. Allesamt Metamorphosen des Lebens, gültig auf ewig und für alle. Auch ich erfuhr vor vielen Jahren hier an diesem Ort, dass mein damaliger Freund eine andere hat. Auch mein Schmerz der Zurückweisung, des Verlassenseins ist in diesen alten Mauern abgespeichert.

Gemächlich laufen wir hinter dem Hotel den Hügel hinunter zur Straße. Unser Haus können wir von hier aus sehen. Eingebettet in üppiges Grün liegt es da und zeigt sich uns freundlich und heiter.

Den Abend beschließen wir im kleinen Restaurant »Bei Jonny«. Die Taverne liegt inmitten eines Blumengartens. Dahinter breiten sich noch immer die Felder bis zum Meer hin aus. Es ist ein schönes, gepflegtes Restaurant mit einer überaus freundlichen Familie. Früher war hier ein Bauernhof mit einem uralten Paar, den Eltern des jetzigen Besitzers. Der alte Mann hieß Johannes. Sein Sohn hat die Taverne nach seinem Vater benannt, nur eben auf Englisch. Er kann sich gar nicht vorstellen, wie hübsch auch für Engländer »Bei Johannes« klingen würde. Ich erinnere mich gut an dieses alte Paar. Wir kauften hier unser Obst und Gemüse, als es noch keinen Supermarkt gab. Die beiden saßen unter ihrer schattigen Pergola vor ihrem winzigen Lehmhaus. Auf dem großen Steintisch lagen die frisch geernteten Tomaten, um nachzureifen. Manchmal ging die stets schwarz gekleidete Frau mit mir in den Gemüsegarten und ließ mich aussuchen, was ich wollte. Ich bekam nur beste Ware. Auf einer Waage, die wohl so uralt war wie sie selbst, wurde alles gewogen. Jedes Mal gab es, mit einem Lächeln über dem zahnlosen Mund, ein Geschenk für uns. Tomaten, Gurken, Oliven, Honig. Und die alte Frau segnete uns jedes Mal, indem sie ihre Hand auf unseren Kopf legte, darauf spuckte und etwas murmelte. Dann erst durften wir gehen.

Der Enkelsohn dieses alten Paares, ein etwa zwanzigjähriger Bilderbuchgrieche mit schwarzen Haaren und himmelblauen Märchenaugen, bedient uns. »Da wird so manche bleichhäutige Engländerin schwach werden«, meint Anna und lächelt ihn an. »Schließlich hat er ja im Sommer die Auswahl.«

Wir lachen viel an diesem Abend. Wir sind wieder ganz junge Frauen, albern und verrückt. Anna gibt immer wieder ungewöhnliche Familiengeschichten zum Besten. Ihr Lebenspartner Rudolf hat einen Vater, der, nachdem seine Frau starb und die vier Söhne groß waren, katholischer Priester wurde. Im Erstberuf war er Chefarzt der Gynäkologie einer kleinen Klinik. Später hatte er eine Pfarrei im Sauerland. Die Menschen kamen von weither, um seine Predigten zu hören. Besonders wenn es um die Manipulation des menschlichen Lebens ging, hat er seine Vorträge immer so aufgebaut, dass alle begriffen, worum es ging. Zum besseren Verständnis fertigte er Skizzen an, die er an die begeisterten Kirchenbesucher verteilen ließ. »Dieser spät berufene Priester war ein toller Mann«, erzählt Anna. »Ein wirklicher Seelsorger für alle, die zu ihm kamen. Einmal erzählte mir ein Kollege, dass sein Kind von einem großartigen Pfarrer getauft worden sei und dann stellte sich heraus, dass dies mein Schwiegervater gewesen war.«

Zuvor zeige ich Anna Lucias großen Obst- und Gemüsegarten. Anna ist begeistert, kommt sie doch von einem großen landwirtschaftlichen Hof. Wir pflücken köstliche Himbeeren von den Sträuchern. Noch kauend gehen wir die steile Treppe hinunter zum Strand, vorbei an Hermanns Grabstätte. Unten treffen wir die alten Reinsheimers, die täglich zweimal ausgiebig schwimmen. Herr Reinsheimer ist 74 Jahre alt und seine Frau 72. Sie kommen seit dreißig Jahren jeden Frühsommer für zwei Monate auf die Insel. Liebenswerte, gebildete Menschen. Wir setzen uns ein Weilchen zu ihnen. Herr Reinsheimer erzählt von seiner Zeit als Cellist mit Herbert von Karajan und welch großer Musiker Karajan war. Anna, die seit ihrer Kindheit Trompete spielt, gibt eine Anekdote zum Besten: »Während meiner ersten Zeit an einer Klinik spielte ich im Krankenhausorchester mit. Alle Mitglieder ließen ihr Lungenvolumen messen. Der Arzt, der die Volumen auswertete, konnte nicht glauben, welch ein Volumen ich hatte. Ich musste erneut zum Test und siehe da, das enorme Lungenvolumen entsprach den Tatsachen.«

Lucia hat den Tisch unter der Pergola draußen im Garten gedeckt, die Tafel mit orangenfarbenen Glockenblumen dekoriert. Wir haben Wein, Rosen und einen neuen Roman mitgebracht. Lucia als exzellente Gastgeberin tischt wie immer Köstliches aus dem eigenen biologischen Garten auf. Sie serviert geeiste Tomatensuppe mit Zucchiniraspeln, Hühnerfilet in Safransoße mit Kohlrabi und Kartoffelgratin. Als Dessert Grütze mit Eis.

Manchmal ist Lucia ungeduldig, fast aggressiv ihrem eigenen Tun gegenüber. Als sie Anna erzählt, wie Hermann starb, bin ich total verwundert. Sie erzählt eine andere Geschichte, als die, die passiert ist. Ihre jetzige Geschichte ist milder. Sie erscheint mir wie die Geschichte eines Kindes, das sanft verdrängt. So heilt die Zeit auch solche Wunden, selbst bei einem alten Menschen.

STÜRMISCHE ÜBERFAHRT VON LOUTRAKI NACH SKIATHOS

Wenn die Spinnen tief hängen, so sagen die Griechen, gibt es Regen und Sturm. In der Nacht hat es heftig geregnet, aber der Morgen zeigt sich sonnig. Wir ignorieren die tief hängenden Spinnen und nehmen die große Fähre nach Skopelos. Sanft gleitet sie übers Meer. Möwen und Delphine begleiten uns. Auf Deck sitzen wir an verschiedenen Plätzen. Gabriella in der Sonne, Anna im Schatten, ich windgeschützt, um Notizen zu machen. Ab und zu tropft es durch die undichte Decke. Ich beobachte eine amerikanische Familie. Drei bezaubernde Mädchen mit blauen Augen und blonden langen Haaren, etwa sieben, zehn und zwölf Jahre alt, sind in Begleitung von vier Erwachsenen. Einem gut aussehenden, schlanken, hochgewachsenen Vater, einem gut aussehenden Großvater und zwei unendlich fetten Frauen, die kaum noch laufen können. Ihre Füße sind geschwollen, sehen aus wie Elefantenfüße, sie haben richtige Hängebäuche. Die Kinder nennen die jüngere Frau Mama und die ältere Frau Großmutter. Unfassbar, dass aus solch monströsen Körpern so etwas Wunderbares wie diese schönen Kinder herauskommen konnten. Beide Frauen haben lackierte Finger- und Fußnägel, tragen Fußkettchen, Armbändchen und Ohrringe. Was ist passiert, dass sie sich so panzern?

Welches Muster leben sie? Ich empfinde großes Mitgefühl. Ich gehe nach unten, lasse mir von einem der Helfer, einem alten Mann, einen griechischen Kaffee kochen. Bedächtig holt er das Kännchen aus dem Regal, nimmt aus einer Dose zwei Löffel Kaffee. Er stellt die Dose wieder zurück an ihren Platz. Mit langsamen Bewegungen zündet er den Bunsenbrenner an und kocht Kaffee. Er freut sich sehr über mein Trinkgeld.

Als wir gegen Mittag im windgeschützten Naturhafen von Skopelos einlaufen, brennt die Sonne vom Himmel. Die kleine, am Hang hinaufstrebende Hauptstadt der großen Insel sieht schön aus. Überall leuchten neu gedeckte Dächer mit rostroten Tonziegeln zwischen den alten Dächern aus gepunktetem Schiefer. Vor nahezu zwanzig Jahren war der Ort halb verfallen, jetzt sieht er prächtig aus. Wir bummeln durch die alten Gassen hinauf zum Café Talasso mit seinen weißen Schirmen und seiner klassischen Musik. Sitzen dort vor dem kleinen griechischen Haus mit Garten. Überall blühen Hortensien, Bougainvillea und Rosen. Unter einem Glyzinienbaum spielen zwei blonde Mädchen ein Brettspiel. Sie zanken und lachen, als sie bemerken, dass wir ihnen zuhören. Erinnerungen werden wach. Vor unendlich vielen Jahren, kaum zwanzig Jahre alt, fuhr ich allein mit dem Schiff von der Insel Hydra nach Mykonos. Auf dem Schiff entdeckte ich den Sänger Leonard Cohen, der ein Haus auf Hydra besitzt. Zwei interessante Frauen begleiteten ihn. Sie sprachen über Kunst, erzählten von ihren Sommern, die sie malend in Griechenland verbringen. Eine Aura von Freiheit umgab sie. Damals wünschte ich mir sehnlichst, auch so reden und reisen zu können. Noch heute kann ich diese Szene genauso abrufen, wie sie sich abgespielt hat. Ich bin davon überzeugt, dass mein tiefer Wunsch meinen Weg geprägt hat. Diese Wunschfrau, die ich damals sein wollte, bin ich wohl auch ein bisschen geworden. Ich reise, ich schreibe, ich fühle eine wunderbare Freiheit in mir, die immer da ist, und in meinem Herzen brennt der Wunsch, mehr südliche Sommer schreibend erleben zu können.

Auf der Rückfahrt hält das Schiff im Hafen von Loutraki. Hoch oben liegt der kleine Ort Glossa. Als ich vor vielen Jahren zum ersten Mal nach Glossa kam, war dies ein fast ausgestorbener, verfallener Ort ohne junge Männer. Es lebten nur alte Frauen, alte Männer und wenige junge Frauen mit ihren Kindern in Glossa. Die jungen Männer waren fortgezogen, dorthin wo es Arbeit gab. Manche von ihnen waren weit fort, bis nach Amerika oder Australien ausgezogen. Viele von diesen Auswanderern haben »Geld gemacht« und sich auf ihre Heimat besonnen. Das verfallene Dorf Glossa beginnt, in neuem Glanz wiederzuerwachen. Heimwärts, welch schöner Gedanke.

Wir sitzen im Hafen, essen pappsüßen Schokoladenkuchen, während Anna uns die Geschichte ihrer Großeltern erzählt. »Ehemals waren sie reiche Gutsbesitzer, die später durch Enteignung viel verloren haben. Trotzdem ist es ihnen irgendwie gelungen, einen gepflegten Lebensstil aufrechtzuerhalten. Als beide sehr alt waren, Heinrich sechsundachtzig, Elsbeth sechsundsiebzig, weckte Heinrich eines Nachts seine Frau: ›Elsbeth‹, sagte er, ›es ist so weit, ich werde sterben. Geh und hole mir die Havannazigarren und die Flasche Champagner, die wir für besondere Gelegenheiten aufgehoben haben.‹ So geschah es, denn Elsbeth glaubte Heinrich kein Wort. Heinrich und Elsbeth saßen im Bett, leerten zusammen die Flasche Champagner, Heinrich rauchte seine Zigarre. Danach kuschelten sie sich aneinander und schliefen wieder ein. Am Morgen lag Heinrich tot neben seiner Elsbeth. Weil Elsbeth aber noch immer vom Champagner leicht angeheitert war, konnte sie die Situation zunächst nicht erfassen. Sie stand auf und lüftete erst einmal das Zimmer. Elsbeth und Heinrich haben eine lange, gute, oft schwierige, aber immer sehr lebendige Ehe geführt.

Der Himmel färbt sich dunkel. Unser Schiff legt ab. Bald kommt Sturm auf. Dem gewaltig tosenden Meer ausgeliefert, wird die Fahrt von Loutraki nach Skiathos zum Alptraum. Ich bin heilfroh, als wir im geschützten Hafen in Skiathos ankommen und umsteigen können in unsere African Queen, um gemütlich nach Kalamaki heimzuschaukeln.

Annas letzter Tag auf Skiathos

Letztes Schwimmen im Meer, ein paar Stunden noch sich gehören. Still nimmt Anna Abschied von der Insel. Wir fahren zum Flugplatz. Anna steht auf der Warteliste für die einzige Maschine nach Athen am Nachmittag. Leider ist die Maschine ausgebucht, und nicht nur das, ein junges, italienisches Paar auf Flitterwochen hat eine bezahlte, bestätigte Buchung und kann wegen Überbuchung nicht mehr mitgenommen werden. Der italienische Flitterwöchner zeigt seiner Frau genau, was man in so einem Fall in südlichen Ländern tut: ausharren, beharren, sich nicht von der Stelle rühren, auf die Buchung bestehen und warten, warten, warten. Große Aufregung – schließlich werden sie doch mitgenommen.

Pannasos besorgt für Anna ein Ticket für den Flying Dolphin nach Agios Konstantinos, um 17.20 Uhr, Richtung Athen. Letztes gemeinsames Mittagessen im Hafen, letzter griechischer Kaffee. Der Hafen füllt sich mit vielen Griechen, die einen Sonntagsausflug nach Skiathos gemacht haben. Der neue Flying Cat fährt ein. Ein korralenroter Riese. Gebaut nach den Maßstäben eines Katamarans entwickelt er die doppelte Geschwindigkeit. Und dann, viel zu schnell, ist unsere Freundin hinter getönten Scheiben verschwunden. Sie kann uns sehen, wir sie nicht. Lange winken wir dem Schiff nach.

Daheim ziehen Gabriella und ich unsere Badeanzüge an, binden uns ein Tuch um und gehen zum Strand. Der Strand ist leer, bis auf zwei alte Griechinnen. Die beiden unterhalten sich sehr lebendig und mit großen Gesten. Gabriella und ich schwimmen im Meer und lassen uns von den sanften Wellen wiegen. Gegen zweiundzwanzig Uhr ruft Anna an, dass sie immer noch mit dem Bus Richtung Athen im Stau stecken würde. Nach Mitternacht ruft sie aus dem Hotel Rose in Kifisia, einem Vorort von Athen, an: »Ich wohne hier in einer sehr schönen Villengegend«, lacht sie. Neben dem Hotel findet ein Kinderfest statt. Überall auf den Straßen geht es laut und lärmend zu. Einfach herrlich. Das ist der Süden, wo die Kinder noch um Mitternacht Feste feiern dürfen.«

DER WILDE HASE IN UNSEREM GARTEN

Früher, letzter Morgen. Ich öffne weit meine Türe, blicke hinunter auf die Bucht. Der Horizont färbt sich rosa. Die Palmen im Garten wiegen sich sanft hin und her. Unser wilder Hase, der seit letztem Jahr hier lebt, sitzt nicht weit von mir im Gras. Seine Ohren bewegen sich schnell hin und her. Er hat meine Witterung noch nicht aufgenommen, so kann ich ihn beobachten. Gestern saß er im Rosengarten. Rabenvögel umkreisen die Bucht, lassen sich auf großen Masten nieder. In der mächtigen Pinie beginnen Vögel zu singen, kurz danach stimmen Zikaden ihren Gesang an. Irgendwo, weit weg, kräht ein Hahn. Ich trete hinaus. Noch ist es kühl. Glatt wie ein Spiegel zeigt sich das Meer in all seinen Schattierungen. Türkisfarben, tiefblau, smaragdgrün. Ewig schön lädt es schon jetzt zum Baden ein.

Ich empfinde Lebendigkeit und Stille zugleich. Möwen ziehen in der Morgenluft ihre Kreise. Immer weiter hinauf, immer höher auf großen Schwingen. Weiße Heckenrosen hängen über den Zaun bis hinunter zu den zartrosa Hortensien. Zwischen Jasminranken spinnt eine dicke, fette Spinne ihre Fäden. Ein Käfer, fast so groß wie sie selber, fliegt in ihr Netz. In Sekundenschnelle hat sie ihn mit einem Faden umgarnt. Ein Gefangener zappelt um sein Leben.

Später bin ich am Strand, möchte Meer, Wind, Sonne und Weite spüren. Sommerfreuden einer griechischen Insel voller Farben. Das Meer lädt zum Baden ein. Ewig neu, ewig alt, ewig schön.

Letztes Mittagessen in der Taverne. Danach trinken Lea, Gabriella und ich Kaffee, verplaudern die Zeit. Verabschiedung hier und dort. Zeit, heimzugehen und zu packen. Wir nehmen den langen Weg über die Bucht. Weit unten wehen Leas Sarongs wie tibetische Gebetsfahnen im Wind.

Kontaktmöglichkeit

Sie können gerne mit Hildegard Liebl Kontakt aufnehmen unter ihrer E-Mail-Adresse:

Hildegard.liebl@ort-online.net
Skiathos Insel im Licht